現代語版 勤王侠客 黒駒勝蔵

[原著] 堀内良平

[現代語訳] 高橋 修

敬文舎

黒駒勝蔵肖像

黒駒勝蔵の生家、小池家の菩提寺である称願寺に寄進された肖像画。称願寺蔵

清水次郎長肖像

博徒時代の次郎長を描いた肖像画。公益財団法人 するが企画観光局・次郎長翁を知る会蔵

甲州博徒は主要な川・道を本拠とし、それぞれ勢力を築いた。彼らは物流の発展に伴い、他国の博徒を巻き込みながら抗争を繰り広げた。山梨県立博物館蔵

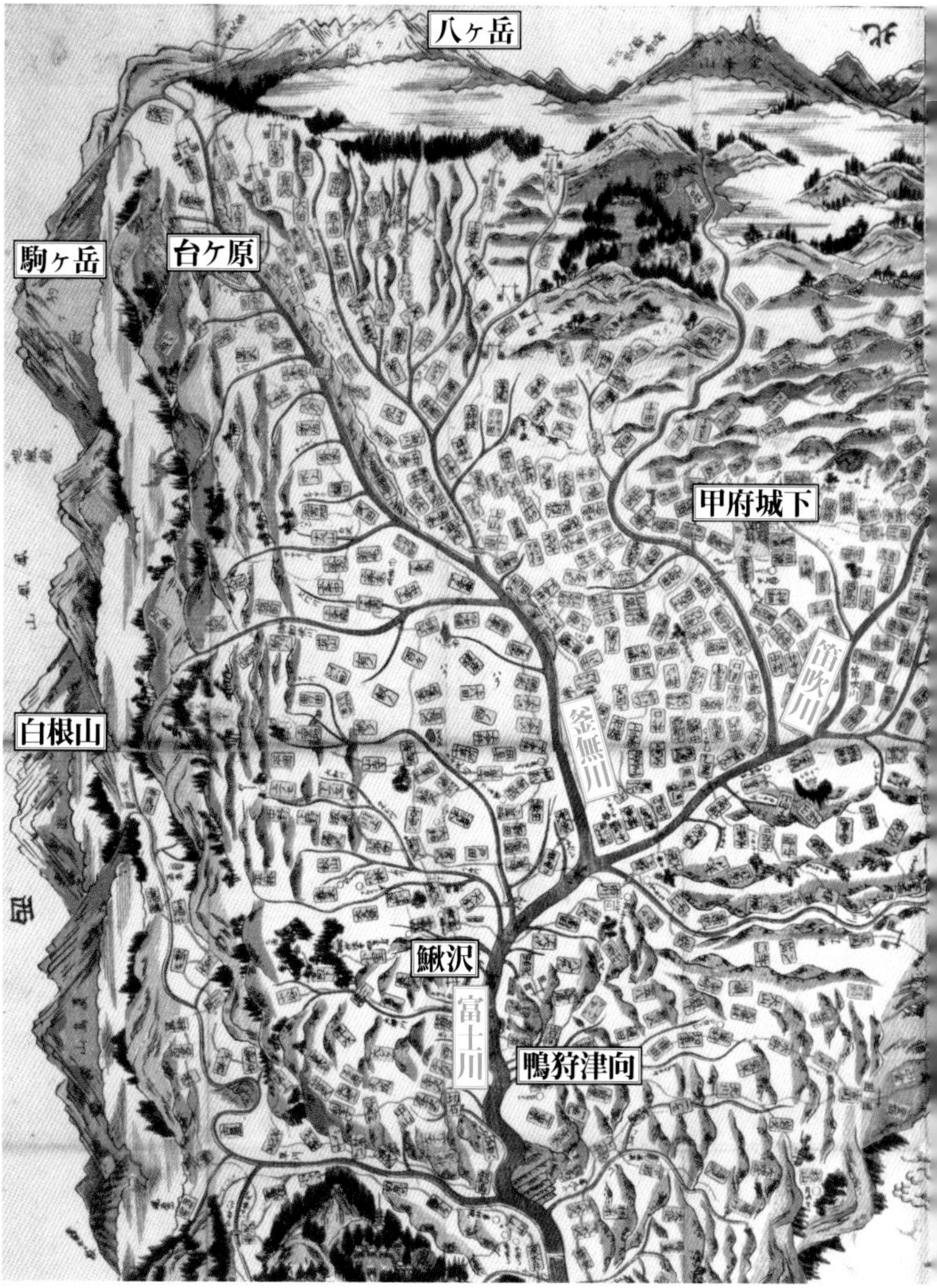

甲斐国絵図

黒駒勝蔵が誕生した19世紀前半頃の甲斐国の様子を描いた図。

近世侠客有名鑑

明治 31 年（1898）版。全国の博徒の大親分を相撲番付風にランキング化したもの。黒駒勝蔵は上段前頭、清水次郎長は行司役に配置されている。山梨県立博物館蔵

《現代語版》

勤王侠客　黒駒勝蔵

［原著］堀内良平
［現代語訳］高橋 修

敬文舎

装丁・デザイン　竹歳明弘
編集　阿部いづみ

勤王侠客 黒駒勝蔵　堀内良平……9
序……10
私の願い……11
凡例……12
《前記》……15
一、甲州が生んだ勝蔵……16
黒駒は自然の城郭……16
歴史上の勤王集落……21
坂下宮と檜峰神社……24
あこがれの中心は京……27
《本記》……31
二、大侠の生い立ちを見よ……32
家系は黒駒の名門……32
純情の子〝勝ちゃん〟……36
早くから勤王志願……39
涙もあり骨もあり……43

三、勝蔵を立ち上がらせた動機……47

村の英雄、勝蔵青年……47
一死覚悟の試練へ……50
恋人お定、毒を仰ぐ……53
三昼夜、墓前に泣く……58
檜峰神社の社頭の誓い……62
無宿やくざの性格……64
長者と感激の血盟……65
黒駒身内の勢揃い……71
勤王主義社会運動……75
勝蔵の頭は日本晴れ……78

四、大侠、一躍檜舞台へ……82

甲州やくざの伝統……82
代官と親分の対立……89
竹居の吃安と結ぶ……93
見よ、初陣の大手柄……98
勝蔵の気迫と剣法……103
黒駒党に危機迫る……104
まず試練の初旅へ……108
伊豆の両雄の大侠客……109
吃安、新島から帰る……113
武藤神主と勤王党……117
運の尽きた吃安……125
義のため仇を報ず……129
吃安が死んでから……135

五、情義に生きた勝蔵……137

そのころの黒駒一家……137
金持ちの入門お断り……140
制裁はきわめて厳重……141
鬼角を成敗した話……142
墓穴を掘らせた幸吉……143
舌を巻いた次郎長……144
旅で人を救ったこと……146
旅は道連れ、世は情け……148
名刀〝虎徹〟は俺の魂……150
財布はいつでも空……152

六、問題の人、石原先生……156
見慣れぬお武家さま……156
中山忠光卿の使者……158
勤王武士、那須信吾……161
大和十津川の義挙……166
田中光顕伯爵の談話……171
田中光顕伯と勝蔵……176
七、大侠は大侠を知る……182
幻の天竜川出陣……182
平井宿、殴り込みの真相……187
次郎長と天田愚庵……193
大詰め嵐河原の勝鬨……195
荒神山事件の真相……199
八、颯爽たる勤王武士……206
大侠、いよいよ上洛……206
入洛後の勤王運動……212
光栄の御親兵隊長……214
華々しい東下り……218
夜明け前の甲州方面……224
板垣退助伯爵と甲州との縁……225
《後記》……227
九、信念に殉じた生涯……228
錦衣を着て故郷へ……228
浮浪人狩りと金山経営……231
最後のご奉公念願……233
勤王に徹した末路……236
苔むした石地蔵尊……239

黒駒勝蔵を弔う辞……242

『勤王侠客 黒駒勝蔵』解説　東京女子大学　髙橋 修……257

一、堀内良平と『勤王侠客 黒駒勝蔵』執筆の背景……258

著者、堀内良平について……258　『勤王侠客 黒駒勝蔵』執筆の背景……259

『勤王侠客 黒駒勝蔵』の書誌情報……262

二、『勤王侠客 黒駒勝蔵』の意義……265

黒駒勝蔵の研究史と「原著」……265　勝蔵を支えた人びと……267

勝蔵を育んだ上黒駒村の実相……273

三、『勤王侠客 黒駒勝蔵』の課題と留意点……278

「原著」の性格……278　那須信吾が勝蔵面会のために甲州へ……279

勝蔵捕縛の理由と死の真相……282

四、黒駒勝蔵について、より深く知るために……288

勝蔵の墓・記念碑……288　勝蔵に関する参考文献……296

黒駒勝蔵関連年表……300
刊行にあたって　ひみね地域活性化推進協議会会長　堀内文蔵……306
謝辞　堀内光一郎……310

［凡例］

・本書の刊行は、「ひみね地域活性化推進協議会」（二〇一七年結成）が黒駒勝蔵《くろこまのかつぞう》没後一五〇年を記念して企画した。なお、ひみね地域は勝蔵生誕の地である山梨県笛吹市御《み》坂《さか》町に位置する。

・本書は堀内良平《ほりうちりょうへい》の著作である『勤王侠客《きんのうきょうかく》 黒駒勝蔵』（軍事界社、一九四三年、以下「原著」）を現代語訳したものである。「原著」ではさまざまな文献を引用しているが、それらもすべて現代語訳している。旧字体表記は原則的に新字体に改めた。

・現代語訳にあたっては、可読性を重視する視点から、適宜、意訳を施した箇所、重文を単文に改めた箇所、語句の加除を施した箇所がある。

・本文内の挿絵は甲州語り部の会とひみね地域活性化推進協議会会員 農業法人エコモスが制作を行った紙芝居「黒駒勝蔵」から掲出した。同紙芝居の本文作者は同協議会会員の廣瀬正文氏、挿絵は同会員の宇野五千雄氏がそれぞれ担当した。

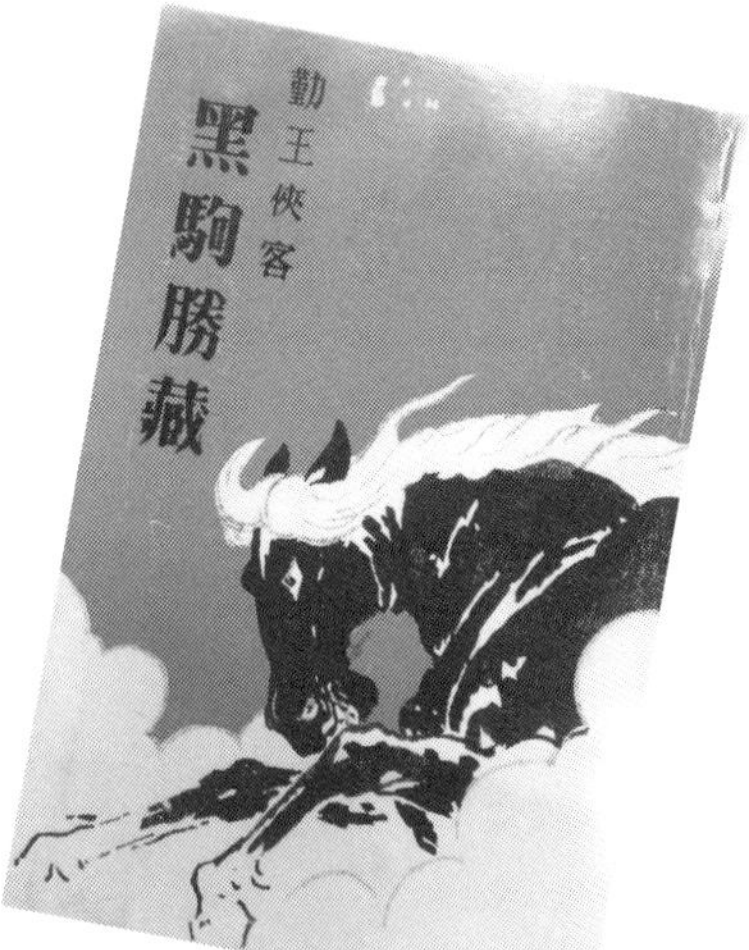
勤王侠客
黒駒勝蔵

勤王侠客　黒駒勝蔵

堀内良平

序

「勤王侠客《きんのうきょうかく》」という言葉は、黒駒勝蔵という人物をよく言い表していると思う。

侠客とは、おとこ気のある人物のことである。勝蔵にとって、勤王と侠客とは切り離せない関係にあった。勤王侠客としての生き方を宣言し、それを実践した。彼にとっての侠客の道は、勤王の道と密接不可分に融合し、そのことで普通の侠客とは大きく異なる「勤王侠客勝蔵」が誕生したのである。彼の信念はひたすら純粋であり、その行動には激しい勢いがあった。まさに甲斐国の山間で育まれた、生まれながらにしての大侠客といえよう。

勝蔵の最期はひたすら悲劇的であった。しかも彼の人生はずっと朝廷へひたすら奉公することに一身を捧げていた。私は、彼の勤王侠客としての生き方を現代に生かし得るとの確信を抱き、本書を広く世の皆さまに贈るものである。

昭和十八年（一九四三）四月八日

大東亜戦記念日に際して

著者しるす

私の願い

私が今回『勝蔵伝』を発表するにあたっては、ただ一つの〝願い〟があります。それは黒駒村若宮の苔むした石地蔵の下に、ひと言も恨みごとを言わず、静かに永遠の眠りについている同郷人勝蔵のために、彼のありのままの「勤王侠客」としての生き方を描いてみたい、というただそれだけのことです。あえて彼の人生を誇張して、架空の英雄のように不必要に持ち上げるのではなく、また、世間からのいわれない批難の声に対して、いちいち反論するのでもありません。勝蔵はひたすら素直に生命をかけ、また心をこめて天皇に尽くす「勤王の大義」を、身をもって示しました。本書では、彼の真実の姿を少しでも生き生きと描きたいと思っています。そのことで彼の生涯を見直す〝きっかけ〟となれば、私の願いは果たされたことになります。

著者また申す

［凡例］

一、今まで、黒駒勝蔵に関する著書は非常に少なかった。たまたま彼の行動の一部を記したものであっても、敵対した清水次郎長の伝記のなかで見いだされるに過ぎず、その記載内容も正確とはいえないものが多い。のみならず、いわれのない批難を勝蔵に浴びせるような冊子さえ見受けられる。その一方で、勝蔵に同情的な書き方をする著作もあるものの、真相に十分に迫ってはいないので、残念というほかない。

二、私は一〇年ほど前に、小説家である松田《まつだ》竹嶼《ちくしょ》（竹《たけ》の島人《しまびと》）氏に『勝蔵伝』の執筆を依頼した。その成果は大正一三年（一九二四）の春から四七〇回ほどにわたって、『都新聞』誌上に連載された。あとでその原稿をまとめたものが『大衆文学全集』に収められている。これは唯一の『勝蔵伝』というべきであろう。ただし、その際は京都における勝蔵の動向に関する資料があまりなかったために、「勤王侠客」としての勝蔵を十分に描きされてはいなかった。

三、それからの私は、右に関する資料を探索した。偶然にも甲州黒駒檜峰《ひみね》神社神主である武《む》藤藤太《とうとうた》が記した『日記』に接することができた。そのことで、勝蔵が鎮撫使《ちんぶし》四条隆謌《しじょうたかうた》卿の配下として江戸まで下り、その後は御親兵隊長として東北での戦争に従軍したことが明らかとなった。このことを幸いとして、資料を厳選し、新たに「勤王侠客」としての「黒駒勝蔵」伝を執筆しようと思い立った次第である。

四、大和国十津川《とつがわ》で天誅組の乱を起こした志士那須信吾《なすしんご》は、文久二年（一八六二）四月八日に土佐藩の重臣であった吉田《よしだ》東洋《とうよう》を斬殺した。脱走中に石原《いしはら》幾之進《いくのしん》と名を変えて甲州に行き、黒駒勝蔵の許に身を寄せたという伝承がある。この秘聞については、那須信吾の叔父である故田中《たなか》光顕《みつあき》伯爵が語る実話、同氏の秘書沢本孟虎《さわもともうこ》氏の談話、勝蔵の甥である長助老人の思い出話を本書に掲出した。これらにより、那須信吾との出会いこそ勝蔵が京に上るきっかけとなったことは、もはや疑いようがなく、『勝蔵伝』完成のために大いに役立ったといえよう。

五、勝蔵の生涯には、大きな謎がある。四条隆謌卿の御親兵隊長という地位にあったにもかかわらず、何故、維新後に捕らえられ、そして処刑されたのであろうか。甲府一蓮寺の牢に入れられて間もなく、彼の遺骸は黒駒の親族に下げ渡されるという悲運に見舞われた。この謎は古老のあいだで秘かに伝えられてきた伝説によって、思いがけなくも解き明かされる日がきた。勝蔵の勤王を貫く勇猛な心は、その死に臨んでどのような雄大な思いを抱かせたのか、これは維新の裏面史と大きくつながる出来事である。本書の最後に記した、一蓮寺における勝蔵最期の光景は、読者を必ず驚かせるであろう。

六、本書を著すにあたっては、黒駒村村長梶原林平氏、前村長一宮訓宜氏、勝蔵の長兄である三郎左衛門の直系の孫である小池義明氏、勝蔵の姉きくの孫であり元村長の宇野範満氏、黒駒村戸倉組《とくらぐみ》の長老堀内輝英氏および勝蔵の後援者堀内喜平次の甥堀内岩吉老（当年八五歳）らから貴重な資料の数々を提供いただいた。なお、本書の装丁と勝蔵の口絵写真は、本田《ほんだ》穆堂《ぼくどう》画伯の手による。以上の諸氏に対して、謹んで感謝の意を表する。

勝蔵の生家付近から甲府盆地を臨む

前記

一、甲州が生んだ勝蔵

黒駒は自然の城郭

甲府から東南へ向かって、砥石《といし》のようになめらかな国道が一直線に走っている。バスに乗ると、およそ一時間で、登り坂沿いにある一集落に差しかかる。そのはじまりにあるのが山梨県東八《ひがしやつ》代《しろ》郡黒駒村の入口である。

このあたりから甲府にかけては、見晴らしのよい甲府盆地が開け、北には白根《しらね》山《さん》・八ヶ岳・駒ヶ岳の山々が並び立ち、東にはすぐ近くに大菩薩峠を臨《のぞ》み、西には笛吹川・釜無川《かまなしがわ》の急流がうねり、南方のはるか向こうには、仰ぎ見るかのように美しい富士山がそびえ立つ。山が迫る場所を「峡《かい》」と呼び、一説にはそれが山梨の旧国名「甲斐《かい》」の語源とされる。この地名にふさわしい光景がまざまざと目の前に描き出されている。甲府盆地はその昔、武田信玄公が軍事で活躍した場所であり、山という山、川という川に歴史上の戦いで挙げられた兵士たちの叫び声の跡が残されているように感じられる。

黒駒に足を一歩踏み入れると、うねうねとどこまでも続くひと筋の坂道が延び、沼津街道の御坂峠《みさかとうげ》まで続いている。宿駅としてにぎわったこの地は帯のように長く、その全長は約一六キロにも及ぶ。その間に点々と散在する人家は、一千余年にもわたる黒駒の歴史を今にも物語るかのように、純朴で古い風情を伝えている。

黒駒村は、人口四〇〇〇程度の宿ではあるが、その地形は、山々が街道を挟み込み、さながら天然の城郭のようである。その外側を縫うように流れる金川《かねがわ》の渓谷は、透き通るように清らかな水で、崖は屛風のように急勾配で切り立ち、峡国《かいのくに》という名にふさわしい。この自然の城郭の中ほどに位置する一集落は、由緒ある八幡神社が鎮座することから若宮と呼ばれ、この地で勤王侠客《きんのうきょうかく》黒駒勝蔵が生まれた。一般に、環境は人間の性質に大きな影響を及ぼすが、この山の宿に生まれた勝蔵も、物心ついた折からなんとなく烈しい性格であったと伝えられている。

若宮からさらに四キロほどだらだらと坂を上ると、その正面に神座山《じんざさん》が神々しくそそり立ち、その山腹に郷社である檜峰《ひみね》神社の神殿がある。明治維新のころ、その神主を務めた武藤外記《むとうげき》・藤太《とうた》親子は、周囲に名の知れた勤王家で、京との関係も深かったことから、多数の勤王の志士が遠近を問わず、武藤家を訪問した。勝蔵も若いときから武藤神主の許に出向き、愛弟子《まなでし》として勤

歴史紙芝居「黒駒勝蔵」　本書凡例（７頁）参照。

王の道を教わったと伝えられている。一やくざの身でありながら、このような心がけを有していたところに、彼の非凡な性格が認められる。

　嘉永六年（一八五三）の夏、アメリカからの使節としてペリーが浦賀に来航した折から、天下の世情はにわかに騒がしくなり、黒駒の渓谷にあっても緊迫した空気が立ち込めるようになった。いつもの通り武藤家に出入りする人は絶えなかったが、ある日、武藤神主はたまたま来合わせた勝蔵に対して、次のような話をした。

「いよいよ世間は大変になってきた。勝蔵ッ、よいか、天子《てんし》さまへよくその身を尽くすように働くのだぞ」

檜峰神社と同社神主の武藤外記

この当時、天皇のことを天子と呼んでいた。嘉永六年、勝蔵二五歳。博徒の青年親分として駆け出しのころであった。〝博徒〟とは博打を生業とする者のことで、侠客とほぼ同義であった。

彼は、頭と腕っぷしの良さが大評判であったことから、武藤神主も彼に人一倍、目をかけていたのであろう。

「へえ、もったいないお話で。俺《わっち》ア博徒の分《ぶん》際《ざい》に過ぎませんが、それでも天子さまへのご奉公には励みたいものと存じやす」

言葉は少なかったが、たしかに勝蔵の覚悟は決まっていた。

「勝蔵、でかした！ その意気だ。その意気だ。勤王侠客であるなら立派なものだぞ」

武藤神主はこう言って勝蔵を励ましたという。勝蔵がどんどん修業を積み、世間から「勤王侠客」として名が知られるようになったのも、すべてこの恩師からの言葉がはじまりで、その感動が深く彼の胸に刻み込まれていたからに違いない。

さて、神座山の麓《ふもと》から街道を左へ折れて渓流を渡ったところに、台地がある。そこは戸《と》倉組《くらぐみ》と呼ばれ、勝蔵が旗揚げをした本拠地である。彼の生涯を通じての後援者となった黒駒一の長者堀《ほり》内《うち》喜《き》平次《へいじ》の屋敷跡が、今でも名残をとどめている。

この台地は、うしろには険しい山がそびえ、前と左右の三方は渓流によって隔てられた見通しのよい平地に面している。守りやすく、攻めにくい要害で、見るからに一城郭らしい雰囲気がある。左側のとがった陣地には、今でいう見張り番が置かれていたという。万一、敵に攻められた場合も、水も漏らさぬような備えがなされていた。勝蔵はこの台地を根城として、武道の練習場を設け、「ヤッ、トウ」と勇ましい掛け声を挙げながら、剣道にいそしんでいた。こうした点に、彼の意識の高さがうかがえる。それだけでなく、彼は心の修養にも励み、暇さえあれば子分たちを集め、

「やい、皆の衆、強いばかりが能ではないぞ。天子さまを忘れたら、日本人ではなくなるんだ。ええか、ここのところをよく覚えていろよ」

と、噛《か》んで含めるように、勤王侠客の道を説いて聴かせていた。あの江戸幕府が支配していた時代に、二十代の一青年がこのような素晴らしい心がけをもっていたとは。のちに天下の大親分となり、火のように激しく活動したその精神力は、この隠れた勤王の心によって培われていた点を見落としてはならない。

彼が早くから勤王心に目覚めたのは、恩師の指導によるところが大きいが、ほかにもう一つ、大きな理由がある。それは、古くから黒駒の人びとのあいだで伝統とされてきた勤王主義の影響である。

歴史上の勤王集落

黒駒では、昔々の大昔から、勤王主義の精神が村人たちに深く根づいていた。この源をさかのぼると、今から一三〇〇年余も前、摂政であった聖徳太子さまへ、御乗馬用として黒駒産の駿馬《しゅんめ》を献上したことにはじまる。

このころ、黒駒は甲州でも唯一の馬の産地で、牧場は黒駒村に沿って流れる金川《かねがわ》の南岸にあったらしく、名馬「黒駒」の昔話が『甲斐事蹟考《かいじせきこう》』という資料に記されている。聖徳太子さまにあっては、甲州をお巡りになった際、黒駒にも足をおとどめになったとの伝説がある。その場所は現在、御馬休所《おんまやすみどころ》（方言では「ウマキヤド」）と呼ばれ、いつ建てられたのか、文字も読めないような記念碑が、八幡神社の近くにある駒留区《こまどめ》の道ばたに現存している。駒留区という地名の由来は、聖徳太子に関わって名づけられたのであろう。古い黒駒の民謡に、

甲斐の黒駒井ノ上育ち
羽はなけれど日に千里

という歌があるが、ここにも名馬「黒駒」の在りし日の様子がしのばれておもしろい。黒駒人の伝統精神とは、このあたりから芽生えてきたと思われる。

黒駒がなぜ名馬の産地になったのか。古代の大和王権は行政単位のひとつとして、黒駒県《くろこまのあがた》を置いた。そして、現在の宮崎県にあたる日向国《ひゅうがのくに》から二名の牧馬係を黒駒県へ差し向けた、という古記録がある。この牧馬係の一名が堀内兵勇馬、もう一名が弦間駿足とされる。この両家が代々にわたり交代で県主《あがたぬし》という黒駒県の長を勤めた。現在、黒駒村に堀内・弦間姓が多いのは、皆この子孫である。

それから時代は下り、聖武天皇の時代、天平三年（七三一）一二月に甲斐国から神馬が献上された、という記事が『続日本紀《しょくにほんぎ》』に記されている。

その馬は全身黒毛でたてがみと尾は白く、これを献上した者には、位を三級昇進させたとか。また、甲斐国全体では今年の庸《よう》の租税を、馬を献じた郡には庸・調《ちょう》の租税をそれぞれ免除したとか。云々。

と、いろいろの特典が挙げられている。

このように名馬の産地として有名であった黒駒の牧場だが、いつしかその姿を消してしまった。だが、尊い朝廷に対して御乗馬を献上したことが縁となって、以後は黒駒に「勤王精神」がわき起こったことは、この地域に生きる者にとって片時《かたとき》も忘れられない。

さらに遠く歴史をさかのぼると、景行《けいこう》天皇の時代、日本武尊《やまとたけるのみこと》さまが東国平定の帰り道に黒駒の御坂峠をご通行あそばされ、酒折宮《さかおりのみや》に滞在なさったとの出来事もある。こうしたさまざまないわれを考えると、黒駒村には大昔から勤王の雰囲気がみなぎっていたことがわかるであろう。

坂下宮と檜峰神社

前述した日本武尊《やまとたけるのみこと》さまがご滞在なさった酒折宮《さかおりのみや》とは別に、坂下宮《さかおりのみや》の伝説もある。坂下宮の「坂」とは黒駒村の御坂峠《みさかとうげ》を指したもので、日本武尊さまが甲斐国をお通りあそばされた際、この御坂峠をお下りになり、その麓《ふもと》の宮に滞在された。そこで「さかおりのみや（坂下宮）」と呼ばれたのである。「坂《さか》」に「御《み》」の字を付して御坂峠《みさかとうげ》とする由来は、畏れ多くも日本武尊さまがこの山道をお通りになったことを敬ってのことと伝えられている。

この峠および付近には、日本武尊さまゆかりの神社や祠《ほこら》がある。御坂峠の頂上に、現在、日本《やまと》武天神《たけるてんじん》という祠があるのはその一例で、日本武尊さまはこの地から富士山の頂上を感慨深くご覧になったのであろう。また、日本武尊さまをしのぶものとして、黒駒郷社神座山《じんざさん》檜峰《ひみね》神社がある。日本武天神の祠から檜峰神社に至る旧道は、今はハイキングコースとして知られているが、この坂道こそ、在りし日の日本武尊さまがお通りになった道筋なのである。

檜峰神社には、祭神として高皇産霊神《たかみむすびのかみ》・神皇産霊神《かみむすびのかみ》・大巳貴命《おおあなむちのみこと》・少彦名命《すくなひこなのみこと》と日本武尊および聖徳太子の六柱の神々が祀《まつ》られている。この事実は、黒駒の伝統精神とはどのようなものであるかを明らかに物語っているではないか。

檜峰神社は、その名目は郷社とはいえ、祭神は霊験あらたかである。雄略天皇即位一二年（四六八）九月一二日に、天皇直筆で「神座山《じんざさん》」と書かれた額を賜った。その後、聖武天皇の天平年中（七二九〜七四九）には、黒駒から神馬を朝廷に献上した際、これは目出度《めでた》いことであるとされ、檜峰神社に官幣《かんぺい》が奉られた。〝官幣〟とは、朝廷から神社の神に捧げられた幣帛《へいはく》のことである。近い時代では、徳川幕府の初めごろ、神社のある山林三里四方のほかに、領地として二六石九斗三升が寄進された。その後、代々にわたって徳川将軍から神社領の証明書が交付された。この山林は明治維新の際に国有林となったが、近年になって元に戻され、現在に至っている。

神座山や御坂峠という名称からもわかる通り、これらは単なる山や峠なのではない。日本武尊さまが滞在された形見の地として、今後も長くこれらの出来事を伝えていくべきである。

私は幼少のころから老父より黒駒における勤王の伝統の話を聞かされ、子どもながらしみじみと耳を傾けてきた。また、村の古老たちによる思い出話にも小さな胸を躍らせた。

「それ、そこの本道は、日本武尊さまがお通りあそばされた御道筋《おみちすじ》にあたるのだ。あの山もこの山も、みんな、尊《みこと》さまがご覧の山なのだ」

と、大昔の出来事を今、目の前にあるかのように話をした老翁もいれば、

「ご乗馬姿の聖徳太子さまは、どんなにお勇ましかったろう。それを拝んだ黒駒の先祖たちは、きっとうれし涙にくれたであろう。太子さまにご縁の深い黒駒は、なんとありがたいところではないか」

と、一途な郷土愛に瞳を輝かせた老婆もいた。黒駒の伝統精神というものが何から育まれたのか、これらの古老の話から真実の姿がありありと描き出されるように思われる。

黒駒の名門小池家の一子として生まれた勝蔵が、この伝統精神を受け継いでいないはずがない。恩師である武藤神主が情熱的な勤王家となったのも、この伝統精神に生きたからである。勝蔵からすれば、武藤神主からの教えにより勤王第一の侠客となって、ひたすら朝廷にご奉公をしたいと念願したのも、これは当然の宿命ではなかったか。

明治維新も近い夜明け前のころ、黒駒の目と鼻の先にある石和《いさわ》宿に、悪代官として有名な内海太次郎の本陣があった。彼の暴虐ぶりは目に余るほどで、それを見た黒駒の村人たちは黙っていられなかった。

「俺たちは勤王だ」

というのが黒駒の村人の合言葉となって、石和代官への反感が徐々にわき起こったのも不思議ではなかった。これが黒駒という地からにじみ出た伝統精神そのものの表れである。

このように人びとが動揺している最中に、勝蔵は「男」となった。

あこがれの中心は京

幼少のころから勝蔵は金川《かねがわ》渓谷のせせらぎに耳をすませ、高い山々に囲まれた環境のなかで育った。黒駒伝統の勤王精神を自覚するようになり、このあわただしい世から影響を受けた。それはどのようなものであったか。

明治維新が近づくと、勤王の志を抱いた全国の志士たちは、いずれもあこがれの京へと先を急いだ。新しい日本国が生まれようとする、いわば陣痛のひとときである。勝蔵の恩師である武藤神主も、その弟子たちのなかで目ぼしいものを〝上洛〟、すなわち京に行かせようとしていた。その弟子たちのなかで、現在の大分県である豊後国《ぶんごのくに》岡藩出身の山県小太郎が三条実美《さんじようさねとみ》卿を頼り、最初に京に入った。山県はのちに、戊辰戦争の際に新政府軍に加わり、会津若松城の開城式に立ち会うという大役を務めたほどの優れた人物であった。

「おい、勝蔵、今度はお前の番だ。なるべく早く京へ行き、皇居を拝んでまいるがよいぞ」

武藤神主からこのように言われると、勝蔵の若い血はもだえるように燃え立った。やがて京都の風雲がいよいよ急を告げた文久三年（一八六三）秋ごろ、彼が希望の志をその眼に宿し、上洛を断行する旨を恩師に打ち明けるときがきた。

「先生、俺《わっち》もやっと、天子《てんし》さまのお膝元へ参じる肚《はら》を決めやした」

世話をした甲斐のあった愛弟子《まなでし》が上洛すると聞き、武藤神主の胸の内はどんなに喜んだことであろうか。そのとき勝蔵は三五歳の男盛りで、やくざの親分として売り出してからもう一六年が経っていた。

ちょうど一年前の夏ごろ、勝蔵がいた戸倉組《とくらぐみ》の本陣へ、いわくありげな一人の武士が客分の形でその身を寄せていた。この武士は石原幾之進《いしはらいくのしん》といったが、それは変名で、実は京の勤王党の密使として勝蔵の許を訪れた土佐藩の那須信吾《なすしんご》という人物であった。勝蔵が念願の上洛を決意したのも、この密使である那須信吾との相談がまとまり、京との連絡が初めてとれるようになったからだといわれている。

もともと勝蔵一生のあこがれは京にあった。彼はやくざに身をやつしてからも朝廷へのご奉公を少しも忘れたことがなかった。であるから、縄張り争いにしか関心をもたない世間並みのやくざとは、もともと気持ちのうえで反りが合わなかったのである。気持ちというより、むしろ信念というべきであるが、勝蔵はこの信念のために勤王に身を捧げた。最終的には甲府一蓮寺の牢屋に入れられても、天を恨むことなく、人を咎《とが》めることなく、笑って大往生を遂げたのである。

清水次郎長との関係は、東海の「二大侠」とまでうたわれ、最後まで互いに血で血を洗うかのような対立であったといわれているが、次郎長自身は、

「俺は、黒駒一家に怨みはねえぞ」

と、彼の子分たちに繰り返し話をしていた。

世間の噂はあてにはならず、このひと言からも黒駒一家の性格がよく表れているではないか。勝蔵のほうでも次郎長に憎しみの気持ちを抱いていたとは思われない。有名な文久三年夏の大喧嘩《おおげんか》、すなわち、遠州見附宿の対陣と三州平井宿の殴り込み事件の場合でも、勝蔵は次郎長を一向に相手にしていない。

また、慶応元年（一八六五）四月の伊勢国荒神山《こうじんやま》の大決闘の際にも、勝蔵は同地の大親分穴太《あのう》徳次郎《とくじろう》の側《がわ》へ加勢したように世間では言いふらされている。だが、その前々年の文久三年秋に、彼は大勢の子分を引き連れて黒駒から京に上っているのだから、荒神山の喧嘩に関係するわけがない。彼の念願はどこからみても、勤王侠客としてひたすら奉公することにあった。

こうしてみると、彼の人間性の本質とは、世間で悪《あ》しざまに言われるようなものではなかった。

慶応四年五月一九日、京を出発した駿府鎮撫使《ちんぶし》四条隆謌卿《しじょうたかうた》に付き従い、御親兵隊長として馬上か

らその威厳をあたり一面に放ち、武装の姿も凛々《りり》しく、東海道を江戸に向かう行列に加わった小《こ》宮山勝蔵《みやまかつぞう》という人物こそ、黒駒勝蔵その人であった。彼はかねてからの願望を実現させ、天下に隠れることなく、その真実の姿を世に現したのである。

以上、勝蔵という人物を生み出した甲州黒駒の地理と歴史と時代の動向について、それがどのようなものか、おおよそは明らかにされたと思う。さて、これからは今まであまり世間に知られなかった秘話を資料とし、勤王侠客黒駒勝蔵の四二年の全生涯をあらゆる角度から、ありのままに跡づける。

本記

二、大侠の生い立ちを見よ

家系は黒駒の名門

黒駒勝蔵は本名を小池勝蔵といった。のちに京へ上り、朝廷へ奉公した功績によって士分に取り立てられてからは、小池家にゆかりのある小宮山姓を用いて小宮山勝蔵と名乗った。

彼は黒駒村で代々名主を務めた名門小池家の次男坊として、文政一二年（一八二九）に生まれた。父の吉左衛門《きちざえもん》は、その人物を見込まれて他家から養子として迎えられた。彼は知恵や才覚に優れ、厳格一点ばりの甲州武士のような気風の人物であった。小池家の嫡男が思わしい人物ではなかったため、その者は分家をさせ、養子の吉左衛門を跡目として相続させた。同家の家風はしっかりとしたものであったことが察せられる。母は「かよ」という家付きの娘で、父が手厳しかったのとは対照的に、しとやかで涙もろい貞女であった。勝蔵もだんだんと腕白ざかりとなって悪戯がひどくなると、口やかましく父親から小言をいわれたが、その際は陰になり日向になりかばったのがこの母親であった、と伝えられている。

小池家は、黒駒でも五本の指に数えられる家柄である。名字帯刀を許されただけあって、家計も裕福で、勝蔵も生まれつき大らかであった。とくに母方の血を受け継いで人情味あふれていた点など、なんといっても家柄がものをいっている。

一方で、父方の気風も受け継ぎ、一度口にしたことは絶対に変えなかった。強情・我慢の男気にあふれる性格でもあった。加えて、目から鼻に抜けるように才気走っていたので、さすがの父吉左衛門も「一つ間違ったら、どのようになるかわからない」と危ぶみ、勝蔵の将来をおもんばかるあまり、かなり厳しい「しつけ」をして苦労したという。というのも、責任の重い名主という立場にあれば、村人たちから後ろ指をさされるようなことはあってはならず、そのためにはまず小池家の家風を正さなければならなかった。いきおい家族へは強く戒めていたのであろう。

吉左衛門がこのように家風に厳しかったのには理由があった。そのころ、村の若者たちのあいだで博打の真似事が流行り、勝蔵がそれにかぶれることを非常に心配したからとされる。

ある年の暮、雪空寒い夜のこと、吉左衛門が村に何か変わったことはないかと、小道から小道へと秘かに見回りをしていたところ、ある一軒の農家の前を通りかかった。そこでは二、三人の若者が、しかもなかには一四、五歳程度の子どもも交じって、「丁、半」とサイコロを振っているは、サイコロを隠すは、それは大騒ぎであった。吉左衛門がずかずかと中に入ると、一同は不意を突かれて驚き、敷物を片付ける最中であった。

「皆ンな、何をしていたんだッ」

「……」

一同は顔を見合わせるだけで、返事をする者さえいなかった。

吉左衛門はこんこんと今後のことを戒め、その場を立ち去った。だが、勝蔵が早々に裏口から闇にまぎれて逃げたのを見逃さなかった。

やがて勝蔵に人生の春が訪れた。そのころの慣例で、元服式が挙げられた。現在の成人式である。そのときに吉左衛門は勝蔵を仏壇の前に座らせ、次のような小池家の家風を丁寧に言い聞かせたという。

一、天朝さまへのご奉公が第一ぞ。

一、次に御先祖さまを忘れるな。

一、その次は家名を汚すなよ。

これが小池家の〝おきて〟ともいうべき「家憲《かけん》」である。その第一に「天朝さま」つまり天皇・朝廷のことを挙げたのは、当時、黒駒の村人たちには「京のほうに足を向けて寝てはならぬ」と教える風習があったので、あり得たことと思われる。勝蔵も子どものころからこのことを心に刻み、天朝さまへのご奉公が一番大事と思い込んだのであろう。だんだんと年齢が上がるにつれ、師匠たちからも同じことを言われた。このため「家憲」をよく守る気にもなり、のちのち「勤王《きんのう》侠客《きょうかく》」と呼ばれるようになったのではないか。

勝蔵はちょっとしたきっかけから侠客の道に入ったものの、決して世間でいうやくざの悪い気風に染まったことはない。いつも高い理想を抱き、勤王の大事さを心にとどめて暮らしていた。その信念の固さは、この「家憲」の感化によるところが大きかったのである。彼は次に挙げる四点の感化によって、「甲州の生んだ勝蔵」となった。

その第一は山国という環境からの感化であり、第二に黒駒の伝統精神からの感化であり、第三にあわただしかった幕末という時代からの感化であり、それからもう一つは小池家の「家憲」からの感化であった。

ことわざに「氏より育ち」とあるが、勝蔵の場合は明らかに「氏と育ち」の両方を兼ね備えていた。

純情の子〝勝ちゃん〟

温情あふれる母の前では、勝蔵はいつでも「純情の子」であった。今日までも「勝ちゃん」の愛称で村人から懐かしがられていることから、気立てがよく、優しかった勝蔵少年の面影が生き生きと目の前に浮かんでくる。

彼は村中で孝行少年と評判であったが、とりわけ母親思いで知られていた。一二、三歳のころ、秋も深まりゆくある日のこと、母はそれとなく勝蔵に呼びかけた。

「勝や、お山の栗はもう熟《う》れたじゃろ」

勘のよい彼はすぐに母親の心を読んだ。

「では、行ってくるからね」

「勝、どこへだえ?」

「うん、裏のお山へよ」

と言いながら、早くも表の通りに出ていくと、一〇名ばかりの悪童たちを呼び集め、袋を二枚ほど持ち出して、

「さア皆ンな、お山へ栗拾いに行くんだぞ」

と、自分が先に立って、金川《かねがわ》沿いの栗林へ押しかけた。袋を二枚用意したのには深い考えがあっ

勝蔵、子どもたちを率いて栗拾い

てのことで、一袋分は母への贈り物であり、もう一袋分は悪童たちへの引出物《ひきでもの》に充《あ》てるためであった。

機転を利《き》かせて、彼は次のように皆に言い渡した。

「えいか、早く拾った者には、ご褒美《ほうび》が出るからな」

歓声が「わーッ」と上がって、悪童たちは我さきにと、栗の木を揺さぶる者、落ちた栗を拾う者など大はしゃぎであった。いつの間にか栗は袋いっぱいに詰まっていった。

「そら、引き揚げろよ」

この号令で、一同はわいわいと喜び合いながら、うんさうんさと袋を担いでお山を下りた。一袋分は勝蔵の母の部屋に運び入れられ、もう一袋分は約束のご褒美として悪童たちに分配された。

近所の村人は何事かといぶかしがったが、この話を聞いた老人たちは、

「成程なア、勝ちゃんは今に偉え人になるだろよ」

と、舌を巻いて褒めちぎった。


また、これによく似た麦まきの話もある。ある年の麦まきの季節に、勝蔵の家では何かの用事が入ってしまったため、麦まきが遅れてしまった。そうすると、彼はさも成功の見込みがあるかのように、父母に申し出た。


「麦まきは俺が引き受けたよ」

この申し出に対し、誰一人として気に留める者はいなかった。

「勝ッ、冗談を言うんじゃないぞ！」

こう言われると、彼はムキになってその用意に取りかかった。まず山栗を拾ったときの要領で、十何人かの悪童を呼び集めた。そのなかには麦まきの経験者も数名交じっていたので、一同が、

「勝ちゃん、俺たちが引き受けたよ」

と、それぞれの役割分担さえも簡単に決まってしまった。いつの間にか、何反歩《なんたんぶ》かの麦まきも完

了し、勝蔵の家族をアッと驚かせた。父の吉左衛門《きちざえもん》もこのことに対してはひと言もなかったが、母のかよは目を細くしながら、これまで以上に「勝や、勝や」と可愛がった。

彼は小さなころから、やんちゃな悪童たちを手足のように使いこなし、大人も顔負けの仕事ぶりを見せていた。このように人心掌握の妙を得たかのような手腕の冴えには、早くも大親分の貫禄を光らせていたのであった。それから数年ののち、戸倉組《とくらぐみ》に本陣を構えてからでも、栗の季節になると、子分に命じて栗の入った俵を母の許に届けさせ、また、麦まきの季節になると、必ず五～一〇人程度の子分を実家に遣わし、野良仕事を手伝わせるのを忘れなかったという。

早くから勤王志願

父の吉左衛門《きちざえもん》という人物は、前述した小池家「家憲《かけん》」（三四頁）通りの勤王武士型の性格であった。このため、勤王家として著名な一宮《いちのみや》村の古屋蜂城《ふるやほうじょう》先生の家塾《かじゅく》に勝蔵を弟子入りさせ、長いあいだ通学させていた。それは彼がまだ一四、五歳の少年期からのことであった。

蜂城先生というのは、国幣社浅間《こくへいしゃあさま》神社（一宮神社ともいう）の神主で、国学者と漢学者を兼ねた、地域の有力者であった。先生の本名である〝諱《いみな》〟は希真《まれざね》である。一宮村末木の浪人志村勝之進の四男として生まれた。子どものころの名前である〝幼名《ようみょう》〟は専蔵《せんぞう》で、のちに一宮神社の神主である古屋氏の養子となった。彼は生まれつき書道に秀でていたことから、書道家として世間に名を知られていた。寛政元年（一七八九）に家塾を開き、その弟子は総勢三八〇〇人ほどにも及んだといわれている。

先生は純日本的な思想を広めた人物であったため、従来の『いろは歌』に対しても、〝これは口ずさむべきものではない〟という考えをもっていた。これは諸行無常の仏教思想に基づいたものであり、弘法大師が翻訳したものに過ぎないのだから、日本国民、とりわけ勤王家・神道に関わる人は別の歌で書道を覚えるべきである、と主張していた。そして左に掲げる皇道精神に基づく『いろは歌』を自作したほどであった。いわば天皇を厚く敬う精神を表現したものである。

あめつちわきゆ　かみさふる
ひのもとなりて　ゐやしろを
おほねもんへに　はうらまけ
これそたえせぬ　すゑいくよ

結局、この歌は世間に広まったとはいえないが、それでも彼の意気込みだけは大いに認めるべきであろう。

勝蔵はこの人を師として勤王道の初歩を学び、それが彼の思想、念願、性格を形成したと推察される。とくに小池家の「家憲」と考え合わせると、勤王思想が相当に根深いものであったことが理解されよう。

ある日、蜂城先生が勝蔵に向かって尋ねたことがある。

「お前はどんな考えで本が読みたいか?」

「……」

それが一五、六歳のときであったから、勝蔵がもじもじと黙ってしまったのも無理はなかった。先生は言葉を続けて、

「お前は何になってもよい。お百姓になるもよい、商売人になるもよい。ただ、何になっても忘れてはならぬ事が一つある。それは天子《てんし》さまを忘れぬことだ。もし、それを忘れたら、もうお前は日本人ではない。よいか、これだけは、しッかり覚えているのだぞ」

と、勝蔵の心に勤王道の教えを槍のように鋭く突き込んだ。「そもそも大義名分とは何か?」を

武藤神主から説かれる以前に、蜂城先生の手ほどきを受け、それがすでに勝蔵の脳裏に刻み込まれていたのである。

余談であるが、今信玄《いましんげん》と呼ばれた田村怡与造《たむらいよぞう》将軍も少年時代に門弟として、蜂城先生の家塾に学んでいた。当時、将軍は一六歳の少年で、田村怡与之助《たむらいよのすけ》と称していた。父は近くの相興村《あいおきむら》の中尾神社神主であった。あるとき、酔っ払いのならず者に将軍の父がうるさく脅《おど》されたことがあった。それを見ていた豪快な性格の怡与之助少年は、非常に腹立たしく感じていた。彼は長押《なげし》に掲げられていた槍を手にとり、「無礼者めッ」と一喝してならず者に迫った。すると、ならず者は一目散に逃げ出したが転んでしまい、門前の小川に落ちてしまった。追いついた怡与之助少年は彼を槍でひと突きし、殺してしまった。

殺人罪を犯したことからその身の置き場に困り、父と同じ神主という関係から、一時的に黒駒の武藤家にかくまわれた。武藤家は甲州でも第一の格式ある神主の家であったため、捕縛しようとする役人も立ち入ることができなかった。この殺人事件は、武藤神主の尽力によって被害者側と示談が成立し、少年は潔白の身となった。

その後、彼は陸軍士官学校に入学して抜群の成績を修め、卒業後はドイツへ留学した。それから立身出世をして、陸軍参謀次長田村将軍の名前を天下に轟《とどろ》かし、日露戦争の際にも作戦立案の中心となり、まれに見る人物と称えられた。黒駒勝蔵がこの田村将軍とほぼ同時期に蜂城先生の家塾に通学し、黒駒の武藤神主の許でも学んでいたのは、不思議な因縁である。年齢的には、勝蔵は将軍より約二〇歳も年長であったが、お互いに面識があったのかもしれない。

いずれにせよ、勝蔵が蜂城先生の感化を受けたのは間違いない。それに加えて父吉左衛門による「家憲」からの感化が影響し合って、早くから勤王を心がけていたのは疑いのないことである。

涙もあり骨もあり

日本人は総じて和魂《にぎみたま》と荒魂《あらみたま》を備えている。温情豊かで涙もろいのが和魂の作用によるもので、精神力が雄々しく骨っぽいのが荒魂の作用によるとされるが、勝蔵の気質にも、とくにこの二つの作用がはっきりと鋭く表れていた。

彼は家庭人として、また柔和な「勝ちゃん」で知られていたが、とりわけ実兄の三郎左衛門へは口答え一つしなかったという。弟ながら勝蔵が珍しい大男であったのと比べると、兄の三郎左衛門は成人してからも身長は約一五〇センチ足らずであり、体重も約四五〜四九キログラムに過ぎなかった。そのため肩身の狭い思いをしたのであろうか、ときどき怒りっぽくなることもあり、勝蔵によく当たり散らしていた。今でも村人の語り草となっているのは、ある夏の暑い最中のこと、三郎左衛門が、勝蔵の大切にしていた白縮緬《しろちりめん》の兵児帯《へこおび》に目をつけて、

「勝ッ、その帯をしばらく俺に貸しておけ！」

とせがんだことがある。すると、勝蔵は何気なく、

「兄ちゃんの腰が曲がるずら」

と答えた。三郎左衛門は、この返事を何と勘違いしたのか、烈火のごとく腹を立て、大男で恰幅《かっぷく》のよい勝蔵に対して、蹴るやら、突くやら、殴るやらの大騒ぎとなった。その蹴り方がひどかったので、力があまって茶の間と奥座敷との仕切りになっていた帯戸《おびど》（中央部に帯状の横木を渡した板戸）を壊してしまった。現在でも勝蔵に関わる唯一の記念として、小池家に横木が折れたままの戸が保存されている。

兄からこうまで痛めつけられても、勝蔵は相変わらずにこにこしながら、

「兄ちゃん、それでいいだかね」

とだけしかものを言わなかった。この意味は、蹴る・突く・殴るの乱暴を「もうそれで気がすんだか？」というものであろう。彼はこのように物静かに兄に詫びるように言って、いつも通りの

笑顔のままに、何事もなかったかのように隣の家に避難した。これが勝蔵、一八歳のときであったという。

この一事をみても、彼は生まれつき温情豊かであり、また底の知れないほど、肝もすわっていた。こうしたところに大親分の気質ともいうべきものが、早くも「勝ちゃん」のあどけない表情のなかに垣間見られるのであった。この気風と態度は、彼が成人してからも変わりなく、それが多くの子分たちから慕われたのである。子分の数は、又子分も加えると、五〇〇～六〇〇人にも上った。俗に、はやしたてられた歌のなかにも、

鮎は瀬につく鳥ア木に止まる
　人は情けの下に住む

とあるが、勝蔵の気持ちというものは、しっくりと右の歌の文句にはまっていた。彼のためであれば、子分たちは喜んで生命を捨てる気になったのも、「情」の大親分であったからである。

だが、春の陽気を思わせる「情」ばかりが彼の全人格では決してなかった。和魂の裏には荒魂があるように、彼の肝の奥深くには、別の鋭いなにかが光っていた。それは、「義理」のためには

「情」も捨てるという気概であった。それは冷たく厳しい秋の霜のような、あるいは真夏の強い日差しのような気概であった。彼のこうした気概は出入《でいり》の数が増えるにつれて磨きがかけられ、持って生まれた気質が華々しく発揮されていくのである。

こうして侠客の世界に入ってから、甲州黒駒の名物男に過ぎなかった勝蔵は、いつの間にか駿河・信濃・遠江《とおとうみ》・三河・伊勢・美濃などへも勢力を伸ばし、見事に上洛にもこぎつけ、かねてより念願であった「勤王」を掲げ、天下の大侠に昇りつめた。

彼がこのようになるまでには、小池家の「氏と育ち」が大きな力となったことは間違いないが、そもそも名門の家の一子として生まれた者が、どのような理由で「やくざ渡世」を選んだのであろうか。ここに勝蔵の命をかけた一場の悲劇がある。

二、勝蔵を立ち上がらせた動機

村の英雄、勝蔵青年

弘化（一八四四〜四八）の初め、外国からの黒船がしきりと日本近海に出没し、血なまぐさい雰囲気に覆われていたころ、勝蔵はもはや母に甘える「勝ちゃん」ではなかった。早くも二〇歳となり、険しい人生の旅の幕が開けられようとしていた。

彼は、村でも並びないほどの大男になった。身長はすらりと高く、およそ一七四センチ、体重は約七九〜八三キログラムといわれ、肉付きのよい堂々たる体格は、どこから見ても大親分にふさわしい貫禄であった。肌は色白く、顔は面長の下膨《しもぶく》れ、目元にも口元にもこぼれるような愛《あい》嬌《きょう》があった。どこまでも爽やかで、その物腰の柔らかさに村の子どもたちも、あれが「勝ちゃん」だと言って、その跡を追うようになついていた。

名門小池家の倅《せがれ》でもあり、この通り立ち居振る舞いもよかったことから、どれだけの評判になったのであろうか。真っ黒な髪の毛はつやがあり、刀を差した姿も凛々《りり》しく、ゆったり堂々と大道を歩くその様子は、錦絵を見るかのようであった。

こうして彼は村の英雄と呼ばれ、ひときわ目立つ伊達男でもあった。道に勝蔵の姿が見えはじめると、町々の若い女性たちは大騒ぎであった。それが意外にも痛ましい悲劇を生み、一生勘当されるという不幸を彼にもたらしたのは、前世からの宿命によるのであろう。

その話は早くから村中に広まり、誰一人として知らない者はなかった。霞《かす》みが立ち込めたある春の夕暮れのころ、勝蔵とは遊び友達であった昔馴染《なじ》みの悪童たちが三人ばかりで若宮八幡前の小道に立ち、なにやら話し合っていた。そうとは知らず勝蔵は物思いにふけりながら、この小道を通りかかった。

「やアやア、勝ちゃんだ」

一九、二〇歳になっても彼は、「勝ちゃん」の愛称で通っていた。

「これはお揃《そろ》いで。おもしろい話でもあるんかね？」

と、彼はさりげなく答えた。

「あるとも、あるとも。勝ちゃん、何をおごるんだい？」

そう言われると、彼は胸の不安を隠そうとしても隠しようがなく、早くも頬は刷毛《はけ》ではいたように薄赤くなっていった。

「勝ちゃんが、そら、赤くなったぜ！」

一人が遠慮をするでもなくばらしてしまうと、他の一人は真面目くさって尋ねるのであった。

「俺ア、冷やかすんでねェ。勝ちゃん、本当の話けえ？」

勝蔵はいよいよ追い詰められた。

「本当かって……」

三人は口を揃えて言った。

「お定《さだ》のことなのさア」

勝蔵は急所を突かれてぎくりとした。体は大きいものの、まだウブな勝ちゃんなのである。口の悪い三人に包囲されては、いかにしっかり者でもたじたじとなり、顔いっぱい真っ赤になって口ごもった。

「……」

「勝ちゃん、白状しねえか」

「やい、おごれ、おごれ」

「ここは関所だぜ」

お定の話がこうも評判になっていたのか、と彼は今さらのように驚いていた。

「いい加減に勘弁しろよ。あっはっはっ」

反撃の捨てゼリフを放つと、勝蔵は逃げるように夕闇の中に消えていった。

一死覚悟の試練へ

今、悪童たちに図星を指された「お定」という女性は、村でも律義者として知られる定兵衛《さだべえ》の一人娘として生まれ、その当時は一九歳であった。金川《かねがわ》の谷間に咲いた香り高い白百合の花のように、なよやかな器量の良さがあり、勝蔵にとっては彼女のためなら生命も惜しくないほどの恋人であったのである。にぎやかな檜峰《ひみね》神社の夏祭りの折、伊達男の勝蔵に寄り添うように連れだって歩くお定のあで姿は、多くの人びとの目をひいた。それからまだ一年とは経たないうちに、お定はすでに身重の体になっていた。

定兵衛は、この話をお定から打ち明けられて、いったんはあまりの出来事に頭がかっとなったが、心を静めて考え直してみると、相手は名主さまの次男坊である勝蔵さんである。家柄にしても、男前であることも、お定にはもったいない話である。これほどのよい婿をこれから世間で見つけることができようか。幸いこちらは婿取り娘であるから、またとない条件ではないか、と定兵衛は独り合点をして喜んだ。

「お定、父は承知だ。俺に任せろよ」

と、さっそく仲人を立て、小池家へ結婚の話を掛け合った。

すると、勝蔵の父である吉左衛門《きちざえもん》は一向にそれに取り合わず、なによりもまず勝蔵を勘当すると言って息巻いた。

「勝蔵ッ、この不埒者《ふらちもの》めが」

吉左衛門は、勝蔵に腹を切らせるかの剣幕であった。刀の鞘《さや》を払って勝蔵の面前にそれを突きつけ、雷鳴が頭上で轟《とどろ》くかのような叱責の声を小一時間にわたって響きわたらせた。

「勝ッ、常日頃から申し聞かせた小池家の家風を忘れたか。代々名主を承る当家ではないか。たとい手前は次男坊でも、むやみやたらの縁組が許されるか。これ勝ッ。よッく聞け。手前は一生の勘当だ。この不届き者めがッ。さッさと出て行けッ」

勝蔵は、すさまじい父の立腹に、ぶるぶると身を震わせて気も遠くなるばかりに脅《おび》えていた。

（自分は「家憲《かけん》」に背いた大罪人である。勘当はおろか、手討ちにされても仕方はあるまい……）。

彼は自分の罪の恐ろしさに気づくと、うつむいたまま懺悔《ざんげ》の涙を止めることはできなかった。

その姿を見かねた母は、おずおずと懸命に勝蔵をかばおうとするのであった。


「勘当ぶつのだけはねえ、父様よ」

「ならぬ、ならぬ。控えろ」

母はさすがに問題の要《かなめ》を知っていた。

「では、定兵衛さんのほうはどうなさるだね?」

こう言われると、定兵衛もぐっと言葉に詰まってしまった。結局は名主から頭を下げて詫びるよりほかになかったのである。そして、定兵衛に対して丁重に金一封を贈り、それで諦めてもらったのだと伝えられている。


それでも勝蔵一生の勘当は取り消されることはなく、いよいよ彼にとっても大きな問題となってしまった。お定も話がうまくいかないと知ると、我を忘れてもだえ苦しみ、とうとう思い切って最悪の運命にその身を任せてしまった。

恋人お定、毒を仰ぐ

その日、小池家では勝蔵の勘当をめぐって、激しい言い争いが続いていた。日が暮れて間もないころ、定兵衛《さだべえ》から一人の使いが慌ただしく駆け込んできた。

「若ッ、若旦那様！　て、て、て、大変《てえへん》でごぜえます。お定ちゃんが大変で……」

使いの者の表情が只事《ただごと》ではなかったので、勝蔵は用件を早く知ろうと、その体を近づけた。

「ど、どうしたんだね、早く言わねえか」

「毒、毒、毒を飲んだだ。お定ちゃんが危ねえだ」

お定が毒薬を飲んだという急な知らせであった。

「えッ、毒を飲んだって……」

勝蔵は真っ青になって途方に暮れた。世の中がでんぐり返ったようにさえ思われた。

（今という今、誰を見ても村人の顔がなぜ、こんなに恐ろしいのであろう。罪だ。あぁ、自分の罪のむくいだ。死の一歩手前でねえか……）。

彼はこうした考えが自分の体中を駆けまわるような気がしてならなかった。一方、老いた母は、父に気兼ねをしながらも、勝蔵のそばを離れまいと必死であった。

「勝や、今夜はお定ンとこへ行くでねえぞ！」

魔の谷底へ落ちようとする我が子を助けようとする仏の慈悲のような声であったが、血迷っていた勝蔵の耳には、もうそれは聞こえなかった。裏口から突っ掛け草履を履いて駆け出す勝蔵の後ろ姿を見て、母は追いすがるように、

「勝や、勝う、これ待てと言うのによう」

と、声をかぎりに呼んでみたが、とうとうなんの返事もなかった。勝ちゃんは闇の中の道を死に物狂いで駆け抜け、お定の許に向かっていった。のちに、誰かがその姿を目撃していた、という話も伝わっている。闇に紛れながら、永遠に小池家の敷居をまたぐまい、と決心をして家出をした、これは勝蔵の人生にとって悲劇のひと齣《こま》であった。

勝蔵は飛ぶように定兵衛の家の玄関口に現れた。

「やア、定兵衛さん、お定はどうしたんだね」

定兵衛はころげるように迎え出て、

「さア、早く、早く」

と、勝蔵の手を取って、お定の寝室へ案内をした。

「あっ、お定……」

勝蔵の口を突いて出たのは、ただこのひと言のみであった。彼の胸元に何かがぐいぐいとこみ上げるのを覚え、とめどもなく涙があふれ、頬を伝っていった。

定兵衛は言葉もなく、お定の寝姿を眺めてはさまざまなことが思い出され、さめざめと泣き崩れた。広くもない室内は、その夜は水車の音も聞こえず、野道のように静かであった。勝蔵はようやく心の落ち着きを取り戻すと、ほの暗い行灯《あんどん》の光を通して、血の気のない青ざめた、蠟石《ろうせき》像《ぞう》のような顔色をしたお定の横顔に見入った。あまりにも変わり果てた姿に胸を打たれて、二度も三度も、

「お定ッ」

と呼ぼうとしたが、気落ちしてむせんでしまった。すやすやと眠っていたお定は、嵐にもまれて折れた白百合のように無残であった。夢ぼんやりとした状態でも目まいを覚えるのか、お定は白い拳を額にあてて、ほっと息を吐いた。それを定兵衛が見て取った。

「これ、お定、お定、気がついたか。勝蔵さんがござらっしゃったぞ。聞こえるか、お定、お定」

お定は夢のように勝蔵を見上げた。

「あれ、勝蔵さま、どうもご心配を……」

あとは言葉が続かなかった。息苦しいのか、しきりに黒い髪が波を打って、白い頬にもつれかかった。

「お定、これお定、俺が悪かった」

勝蔵が話しかけると、お定は歯をくいしばりながら、ぱっちりと目を開いた。

「お定、お前にこんな思いをさせるのも皆な俺の意気地がないからなのだ。許してくれよ、お前独りは死なせないからな」

毅然とした決死の色が、勝蔵の両方の眼の中に現れた。

「なんの、なんの、若旦那さま……」

定兵衛は、栄螺《さざえ》のような大きな拳を挙げて、はらはらと落ちる涙をぐいと払った。勝蔵の今の一語こそ、お定にとっては千部万部のお経よりもうれしく思えたであろう。だが、勝蔵の決死の覚悟に気づいたのか、お定は烈《はげ》しくしゃくりながら、かすかな声でものを言いはじめた。

「勝蔵さま、あなたはどうぞ死なないでくださいよ。……お願いです、きっと男のなかの男にね。……草葉の陰から祈ってます。……（感極まってむせびながら）……私はもう泣きませぬ、泣きませぬ」

このように言ったままお定の声が途切れると、定兵衛はいつしか手を合わせて何か呪文めいたものを口にしながら、勝蔵に向かって言った。

「若旦那さま、この俺《わっち》がうっかりしたばかりに、お定めがとんだ真似を仕出かして、はア、なんともすまないことです。……（定兵衛は、ときどき声を落としてむせびながら）……ただ、お袋の無《ね》えお定めを俺一人で手塩にかけて、一九の春まで迎えたのに、こんなことになってしまって、それ……それればかりが、俺ア泣けて、泣けてなア」

仏のような定兵衛の胸の内はどのようであったか。それに対して、勝蔵には慰めの言葉もなく、頭を下げて瞼《まぶた》を伏せたまま、思案に暮れていた。

(女の身で、世の中の誰一人を怨んでいるのでもなく、「私はもう泣かない」と、きっぱり諦めているお定には、本当に偉いところがある。あァお定を生かしておいたらなア)。

ふと見ると、お定は幻を追うように、白くか細い手を差しのべて、何かを探し求めるようであった。もう目は見えなかったであろう。

「あッ、定兵衛さん、お定がどうかしましたよ」

定兵衛は、ぎょっとして目を見張った。そのとたん、お定がひくひくと全身に痙攣《けいれん》を起こしたかと思うと、やがて虚空をつかむようにして、大きくもがきはじめた。恐ろしい猛毒が最後の魔力を振るおうとしているのであろう。刻々とお定の危篤のときが迫っていた。

「若旦那さま、若旦那さま。お定は今、あなたをお探し申しておりますよ。どうぞどうぞ」

勝蔵がはッとした次の瞬間に、お定は定兵衛に抱えられて、崩れる花束のように勝蔵の両腕にすがりついた。すやすやと静かに眠るようなお定の最期であった。

「お定、お定」

勝蔵は一心不乱にもだえながら呼んだ。お定の枕元に、線香の細い煙の柱がゆらゆらと立ったのも痛ましく感じられ、途方に暮れた定兵衛のやつれた姿も哀れであった。

三昼夜、墓前に泣く

いじらしかったお定の臨終が皆の同情を呼び、村の乙女たちはもらい泣きをした。世間をはばかり内輪だけの野辺送りがすむと、勝蔵は広い世界にただ一人で取り残されたようにさびしかった。彼は葬式の混雑から元の静けさにかえってみると、今さらながら自分の犯した大きな罪が恐ろしくなって、ひたすら悔いる気持ちがますます募り、全身の血が逆流するかのように感じられ、ふらふらと家を出ていき、いつしかお定の墓前に立っていた。

それからというもの彼は手を合わせて座ったまま、いつ終わるとも知れず冥想にふけった。静かな寺の境内には、山国の遅れ咲きの桜の花びらが、そよ吹く風にひらひらと舞い散った。

ときどき思い出したように、勝蔵の独り言が続いた。

「お定、なんとも申し訳がない。お前は俺が殺したのも同然なのだ。この勝蔵こそ八《や》つ裂《ざ》きにしても足りない悪党だと、自分で自分を責めているんだ」

言いよどむかと思うと、彼は声を出さずに忍び泣くのであった。

「お前があの臨終に『男のなかの男になってくれ、お願いだ』と、ただこれだけを遺言して、甲斐甲斐しく死んでいった気丈さに、大の男の勝蔵は恥ずかしくてならないんだ」

彼は五臓六腑をかきむしるように我が身を責め、しばらくのあいだ、むせび泣きながら大地に突っ伏していた。

勝蔵、お定の菩提を弔う

「人を殺した罪、人間にこれほど大きな罪はない。俺は手を下さないまでも、お前は俺に殺されたんだ。どうしたらこの大きな罪をつぐなえるのか。そう思うと、俺も死ぬより外《ほか》はないんだが、それではお前が犬死になるし、そうかといって世間に顔向けもならないし、あぁ死ぬに死なれず、生きるに生きられず、勝蔵はどうすればよいのかなァ。お定、お定」

彼は三日三晩のあいだ、お定の墓前にひざまずいて思いのたけ泣いていた。それが誰の目にとまったのか、さまざまな噂が村中に広まった。お定の幽霊が毎晩、勝蔵と話をしているなどと、まことにしやかに語る者さえあった。

その三日目の夜は雲が低く垂れ込み、小雨

さえ降りはじめた。少しの先も見えないほどの真夜中に、勝蔵はなおも立ち去ろうとはしなかった。生きるか死ぬか、死ぬか生きるか、何べん思い悩んでも割り切れず、体の全身が焼かれるような発作がこみ上げて、しょせん死ぬより外の考えを思いつかなかったのであろう。

「お定、お定。やっぱり俺も死んでいくぞ」

だんだんと夜も更けるころの闇の墓場は、まさに壮絶な苦しみの続く無限地獄のようであった。勝蔵はあまりに興奮してしまい、用意していた短刀を手に持とうとしたその瞬間、なにかしら熱湯のような強い刺激が脳天をかすめ去ったのを感じた。見よ！　勝蔵の心の眼には、皿のように大きな目を見開いた父吉左衛門《きちざえもん》の立ち姿が映っていた。

「勝ッ、勝ッ。小池家の家憲《かけん》を忘れたかッ。その第一に何とある！　天朝さまへのご奉公が第一だぞ……」

はっと思って我に返ると、彼は小雨に濡れた地べたに手を突き、お定の墓標に頭を下げていた。

「あッ、お父上、お申し訳がございませぬ」

このとき、不思議にも、彼は肚《はら》の奥底から大きな力が湧き起こってくるのを覚えた。打ちのめされた魂の悩みのなかから、はっきりと反省の強い意識が湧き起こったのであった。

「俺が今死んで、一体それが何になる」

大きな自覚が、彼のなかでひしひしと脈打ちはじめた。

「死ぬのは卑怯《ひきよう》だ。俺は男のなかの男になりきるまでは、なんとしても死んではならねぇはずだ。そうだ、そうだ。そうして天朝さまの御為《おんため》に、働き抜いて死ぬことだ」

「俺の体は今日、お定の墓前で死んだのだ。これからの勝蔵は、魂で生きるんだ。矢でも鉄砲でもさア来てみやがれ。死にてえほど気がかりだった勘当も、こうなりゃ存外気安いもんだ。父上のあのお姿がありがてぇ。これから勝蔵には、天朝さまへのご奉公がただひと筋のお詫びの道だ。もう気も晴れ晴れと澄み渡った。こいつァ一番、無宿《むしゆく》のやくざとでも銘打って、死に物狂いで売り出そうか。おうそうだ。あっはは、なんだか世間が明るくなったぞッ」

〝無宿〟とは、戸籍を除かれた人のことである。当時、社会の秩序から外れた者として、無宿と博徒はよく同一視されていた。

「これ、お定、もう俺も大丈夫だ。お前も笑って成仏しろよ。俺は御国の為《ため》となら、さっと笑って死ぬからな」

暁烏《あけがらす》が一羽二羽とお寺の森を鳴き渡ると、四日目の朝が早くもしらじらと明けようとし、みるみる朝日が大菩薩峠の彼方から昇ってきた。大空を流れる朝風も清々《すがすが》しく、彼は異様な感激に打たれて、新しい生命の夜明けを迎えたのであった。


「そうだ、お山へ、お山へ」

と、彼は大きな希望に目覚め、矢も盾もたまらず、今度は身も心も軽々と、さわやかに朝霧立ち込めた神座山《じんざさん》の檜峰《ひみね》神社へと向かっていった。

檜峰神社の社頭の誓い

お山の朝はいちだんと清々《すがすが》しかった。人間世界の苦しく目まぐるしい様を余所《よそ》に置き、春真っ盛りの神社の森は、名も知らぬ小鳥でさえも、心ゆくまで春のうららかさを讃えているかのようであった。今、新しい生命として生まれ変わり、神聖な神社の敷地内を訪れた「罪の子勝蔵」は、どんなに清新な空気を満喫したであろうか。

彼はおそるおそる神殿に近づき、階段の前にひれ伏しながら、霊の世界のおごそかな静けさのなかで、心からの長い長い祈りを捧《ささ》げた。このときこそ、彼が神に誓って新しい人生へと旅立とうとする、門出の第一歩であった。彼の信念は鉄のように固く、迷いと悩みから解放された朗らかさが胸いっぱいにみなぎっていた。

彼は今、まったく新しく生まれた「信念の人」「魂に生きる人」「勤王《きんのう》に身を捧《ささ》げる人」となった。今までの肉体としての勝蔵は死んでしまい、霊としての勝蔵が生まれたのである。死にたいほど苦しかった思い出は、楽しい復活の息吹へと変わった。それだから、勝蔵にとっては不思議、不思議、なんたる不思議と、あまりのうれしさに声の限りに叫びたいほど、明るい興奮にその身を包まれていたのであろう。

その不思議のなかに、永遠の罰と思うほどに悩ましかった「一生の勘当」は、今では父からのありがたい慈悲と考えられた。同時に、無宿のやくざという立場がうれしく思えてきた。人間の家を出て、神・仏の懐へ入るのが無宿の心と捉えたからである。

彼にはこの世の肉体的な望みが何一つなくなっていたのだから、世間さまのために働いて、少しでも自分の罪を滅ぼそうとするほかは何もなかった。自分の物は、たとえそれが自身の生命であっても、いっさい捨ててしまって、丸裸も同然に、お国のために奉公するのだ、という気概に勝蔵は燃えていた。こうした滅私奉公の姿こそ誠に尊いものではないか。

二時間ほども社頭にひれ伏していた勝蔵は、最後に居住まいを正し、しばらく冥想を続けた。やがて一念を込めて左の小指をかみ切り、鮮やかな紅色に吹き出た血をすすって、今一度、あらためて神前でひれ伏して拝んだ。


「この生命は、天朝さまへ差し上げやすぞ」

これが彼の魂からほとばしった真剣な誓いであった。彼は三度、この願いごとを繰り返すと、いつまでもうれし涙にひたっていた。ここまで肚《はら》を決めた男一匹に、わずかでも「私」などあろうわけはない。彼にとってはこうするよりほかに、自分の罪滅ぼしの道はなかった。その生命を捨てて、ご先祖さまへ、父母へ、定兵衛《さだべえ》老人へ、そして最後にお定へと、「懺悔《ざんげ》」の生涯を送ろうとする勝蔵の決意の固さは、それが決して壊れることのない大いなる勇気から出たものでなくて、一体なんであるというのか。

無宿やくざの性格

こうして勤王侠客《きんのうきょうかく》黒駒勝蔵としての心構えができ上がった。彼がこの境地にたどり着くまでの過程をみると、父の勘当を受けてからわずかに前後数日間のことでしかなかった。だが、その数日のあいだこそ、勝蔵にとっては昼となく夜となく、ぞっとするほどの身震いの連続のときであった。なかでも闇の墓場に小雨さえ降りはじめて、それも鬼気迫るほどの真夜中に、あわや自殺さえしようとした危機一髪の瞬間に、その心眼がたちまち開けて、光り輝く世界に自身を置きながら、からからと大笑いした豪快な精神こそ、やがて天下の大侠客と称される勝蔵の本領をよく言い表すものといえるであろう。

彼は、新しく生まれ変わろうとする悩みの闇のなかから、自身の生きるただ一つの道として「勤王」を見いだし、それを一大事のこととして心に抱いた。よほど優れた素質と、彼を取り巻く環境からの感化がなければ、容易にこうした境地には到達し得ない。ここに勤王集落と呼ばれる黒駒の伝統的精神とその恩師たちの指導とがしみじみと思い起こされるのである。

そうであるなら、勝蔵が「無宿やくざ」の道を選んだのは、何故《なにゆえ》であろうか。彼の場合の「無宿やくざ」とは、自分自身を戒めるための、いわば苦行の方便であり、世間のいわゆる「無宿やくざ」とは、その性格がまったく異なっていた。彼の「勤王」を念願とするまったく純粋な行動は、今日の滅私奉公と同じ意味をもつ、といえるのではないか。

試練の夜はもう明けた。彼の胸の内には大きな自覚でいっぱいであった。誰になんと言われようとも、それに気後れする黒駒勝蔵ではなかった。

長者と感激の血盟

お山を下りた勝蔵は、気持ちにせよ、言葉遣いにせよ、もういっぱしの侠客の親分となっていた。昨日までは村人の顔を見ると、やたら恐ろしく感じられたのが、今は同じ人物を見ても、虫けらのようにさえ思えるのが不思議であった。

「だが、親分だけじゃあ、あんまりさっぱりし過ぎている。誰か一人、相談相手を見つけてぇな」

彼は早くも、戸倉組《とくらぐみ》の長者である堀内喜平次に白羽の矢を立てた。喜平次の屋敷というのは、神座山《じんざさん》の麓《ふもと》にほど近い金川《かねがわ》の対岸の戸倉組の高台にあり、村一番の豪勢な構えであった。日頃から懇意の間柄であったので、この人ならばと、彼はまっしぐらにその屋敷を訪れた。

早朝からの出し抜けの珍客に、喜平次は意外に思っていた。

「おうおう、勝ちゃんでねえか。まァ無事でよかったな」

身投げの噂まで立っていて、村中で大評判の勝蔵なのだから、喜平次が意外に思ったのは無理もなかった。

「世間を騒がせて、なんともお申し訳がございません」

「村方の評判がどえらかったもんだでなァ」

「いっそ、死ぬ気でござんしたが……」

「いやいや、男は気を大きくもちなせえ」

「でも、一生の勘当をぶたれた罰当たりで……」

「そうそう、そのことで昨日、母御がわざわざこけへお見えでな」

「えッ……」

母御と聞いて、勝蔵の顔色がさッと変わった。喜平次は勝蔵の真意を測りかねて、言葉静かになだめはじめた。

「母御がいろいろご心配でな。どうだね勝ちゃん、俺が一つお前ンところの父さんに謝ってあげて、勘弁してもらってはどうじゃろね」

「喜平次さん、そいつァ、御免こうむりますぜ」

勝蔵は一向に乗り気でなかった。

「俺の勘当は一生が二生でも、父が無理を通しているわけではござんせん。また誰がなんて言ったっても、『うん』て言う父でもござんせん……喜平次さん、俺は、この俺はお定を殺した大罪人でござんすよ……（墓場での出来事に胸をうずかせて）……父が俺を許しても、俺の罪は亡びません。俺ァ自分で自分に罰をあてる考えで、三日三晩もお定の墓場で泣き明かし、死ぬつもりでござんしたが……喜平次さん……俺ァ死ぬにも死にきれず、鎮守さまへお参りして、俺の生命を天朝さまへ差し上げると、お誓いを立てやした。それなのに、今、今になって、勘当のお許しを父に願うなんて、それこそ俺には、恐ろしい天罰があたりやす。俺は、俺はな……」

喜平次はこの話を聞いて唖然《あぜん》となり、腕を組んでじっと耳を傾けた。

（ははァ、お定の墓場で誰かが幽霊と話をしていたという噂が立ったのは、本当のことであったか）。

喜平次が胸の内でうなずいていると、勝蔵は晴れ晴れしい表情になって、それからあとの話を続けた。

「喜平次さん、今までの経緯《いきさつ》は皆ンな水に流してしまって。俺ァ今日から無宿のやくざ、黒駒勝蔵でござんすよ。よろしうお頼み申しやす」

喜平次はあまりの意外さに驚いた。

「そりゃ本当の話かな」

「本当でござんすよ」

「でも、きっとかな」

「ええ、きっとでござんすとも」

勝蔵がゆったりとした態度でいるのを見ると、喜平次はいよいよ不審に思えてきた。

「勝ちゃん、気まぐれじゃねぇのかな」

「いや、本気の沙汰でござんすよ」

「では、無宿のやくざになって一体、何をする気だえ」

「お上《かみ》へのご奉公でござんすよ」

「やくざにご奉公ができるかえ」

このひと言に勝蔵はおもむろに衿を正し、かねて蜂城《ほうじょう》・武藤の両恩師から教わってきた日本の国柄を、こんこんと熱意を込めて説いたのであった。日本では、天皇と国民との関係は、親子のような間柄で、天子《てんし》が親、国民は赤子《せきし》にたとえられる。

「日本人は一人残らず天子さまの赤子でござんすよ。その天子さまが我ら民草《たみくさ》を貴い宝であると、すなわち〝大御宝《おおみたから》〟と仰せられるのは、なんとありがてぇ極みでござんしょう。喜平次さん、今あんたは〝やくざにご奉公ができるか〟とけなされたが、ようござんすか、やくざだって残らず天子さまの赤子に変わりはござんせん。その赤子が一人でもやくざなんぞに身を持ち崩していたのでは勿体《もったい》ねぇ。天子さまになんとお詫びをいたしやしょう。それというのも、お上にご奉公する道へと導く者がねえからでござんすよ。虫けらみてえなやくざでも、土性《どしょ》ッ骨《ぼね》を直してやって、いっぱしの仕事ができたならば、それで立派な日本人でござんしょう」

喜平次はこの話を聞いて、もっともな道理だとうなずいた。

「勝ちゃん、参った。そりゃなんとありがてぇ話だろう。そうした料簡だとわかったら、父っさんに謝る話なんか取り消しだよ。それよりかァ、俺もお前の仲間に入れてもらいてぇ。立派な覚悟だ。俺にも一つ加勢をぶたせろよ。だが、ご奉公をすればって、なにも勝ちゃんが自分もやくざになるには及ぶめぇ。無宿のやくざなんて、人聞きが悪いでな」

「それでは一体、誰がやくざをご奉公へと導いてやりやすか。また二つには、俺ァ人殺しも同然の大罪人だから、やくざのつれえ商売が、お上への……畏れ多いが生命がけの……お詫びのつもりでござんすよ。危ねえ商売だから、いつ生命が亡くなるかしれねえが、ご奉公のために倒れるんなら、俺ァそれが本望なんでござんすから……」

喜平次の感激は、いよいよ深くなるばかりであった。

「あぁそうか、よくわかった。そんなにまで思い込んでいたのかなァ。だがよ、勝ちゃん、やくざだって人間だ。ただゴロゴロさせておいたんでは、今日《こんにち》さまにはすむめえが」

「喜平次さん、そこに大事な話がござんすよ」

と、勝蔵はぐいと膝を乗り出した。

「あの石和《いさわ》の代官めが、何をしているのか、世間で知らねぇ者はござんせん。岡っ引をけしかけて、ならず者に賭場を開かせては場所代を稼いだり、罪もねえ人たちをいじめては手荒くへそくりを巻き上げたり、人目もはばからず妾《めかけ》にうつつを抜かしたり、それでも幕府のお役人かとしみじみ腹が立ちやすよ。喜平次さん、やくざのなかで腕の利くのを駆り立てて、悪者どもに少しばかり痛ぇ思いをさせてやったら、お国のためにもなるんだし、やくざにしても骨折り甲斐《がい》がござんしょう」

悪代官を懲らしめるのは、喜平次にとっても元より同意のことである。

「その話なら、俺が皆ンな引き受けた。では兵糧《ひょうろう》の心配はかけねぇが、勝ちゃん、お前は本当に悪者退治をする気だな」

「喜平次さん、俺ア真剣でござんすよ。生命を賭けてやりやすぜ」

「勝ちゃんがその気なら、俺ア山林も畑も惜しかァねぇ」

「ご奉公なら地獄へだって参りやす」

「よしッ、勝ちゃんの骨はきっと俺が拾ってやる」

「話が決まったら旗揚げでござんすか」

「うん、承知だ。しっかりやろうぜ」

「喜平次さん……」

「勝ちゃん、いや勝蔵親分……」


早くも血の誓いが交わされた。感極まって互いに息が詰まり、声も出ず、手に手を取って、男泣きに泣くのであった。

黒駒身内の勢揃い

勝蔵にとっては、喜平次長者との血の誓いがこうもすらすらと結ばれるとは、夢にも思わなかった。だが、喜平次にとっては、日頃の念願が叶《かな》うのであるから、捨て身になってその片棒を担ごうとする気持ちになったのは、むしろ当然のことであった。

このとき、勝蔵は二〇歳になったばかりであったが、喜平次を感激させたほど、その肚《はら》は据わっていた。そればかりか、彼は父吉左衛門《きちざえもん》の使用人で、もとは甲府勤番の一武家であった小宮山《こみやま》嘉兵衛《かへえ》から剣道をひと通り教わっていたので、その腕前にも相当の自信があった。いざ旗揚げの際には、石和の代官以下、幕府役人の側に立つやくざたちから狙われる可能性があった。そうした最中に縄張りを拡大するためには、危ない橋を渡るのがなによりも重要であったので、彼は若年の身ながらも、喜平次とその一味から勤王党の若親分と立てられたのであった。

喜平次は勝蔵からすると、ずっと年上の三一、二歳であった。戸倉組《とくらぐみ》生え抜きの富裕者で、その財産は山林で一代分、田畑で一代分、現金で一代分、合わせて三代分が寝て暮らせるほどであったという。かねてより石和代官の横暴に憤っていたことから、この全財産を投げうつこととした。一つは村の警護のため、もう一つは勝蔵を加勢するために諸肌《もろはだ》を脱ごうというのであった。それに勝蔵との会話から、「勤王」の志が急に湧き起こったこともあり、彼の後見者としての立場から、台所の費用いっさいを一手に引き受けようという奮発ぶりであった。これというのも、勝蔵にはさもしい賭場の場所代稼ぎなどをさせないよう面倒をみてやり、どこまでも強く正しく働かせて、天朝さまへのご奉公の一本道を進ませようとする親心から出たものであった。

勝蔵は、なんといっても駆け出しの新前《しんまえ》の親分であり、そのうえ、まだ年若い一青年でしかなかった。それでも彼の子分は日ごとに増え、堂々と世間に誇ることができたのは、喜平次が彼の後ろ盾になって世話を焼いたからである。勝蔵は周辺の縄張りなどには目もくれずにいた。早くから上洛のことばかりを考えていたという気持ちが、そこから読み取れるであろう。

青年親分として、黒駒勝蔵の人気はすばらしかった。表向きは小池家から勘当されたとはいうものの、親の七光りで、黒駒の名主吉左衛門の倅《せがれ》という出自は効き目があった。喜平次が本腰を入れて勝蔵の肩をもつようになったのも、このあたりの事情も手伝っていたに違いない。

勝蔵親分の旗揚げ式はそれから間もなく、喜平次の屋敷で華々しく行われた。喜平次から触れの連絡が廻《まわ》ると、戸倉組をはじめ黒駒の各集落から青年たちが我も我もと会場に馳せ参じた。その周囲はさながら祭りのようににぎわったとされ、なかでも喜平次は、勝蔵の親分披露を我が子の出世のように喜んだ。


「もう勝ちゃんではねぇ、今日からは勝蔵親分だ。やァ親分、立派だなァ」

相撲の関取のような勝蔵の雰囲気に対し、喜平次は見上げ、そして見下ろして、ついほころんでしまった。これには勝蔵も同じ気持ちであった。

「俺もねぇ、偉ぇ長者を神さまから授かりやしたよ」

こう言って、勝蔵は体全体を使って、腹の底から笑ったのであった。


この和やかな雰囲気のなかで、黒駒党旗揚げの式は進んだ。古老の語り伝えるところを総合すると、だいたい次のような様子であったという。

式場は、勝蔵その人の性格がはっきりと反映されていたように思われる。彼が親分として威厳を保ってその席に着くと、長老である喜平次がその横に並び、当日参会の青年たち数十人がその左右に分かれて座った。この青年たちこそ勝蔵にとって初の子分であったので、彼は自分の生命がけの信念を力強く、熱を込めて説いたのであった。

「皆ンな、よく聞けよ！」

堂々として凛々《りり》しく、さらに声は鐘が鳴るかのように大きかった。黒駒一党はこれからどのような仕事をするのか、その様は主催者である親分の実力を示すのに十分であった。

「黒駒身内は、世間のやくざの真似をしちゃあならねぇぞ……あいつらは獣にも劣るような悪さをしてくさる……賭場の稼ぎを奪い合い、大酒を食らって女にうつつを抜かし、ふた言目には斬るの殴るのとほかに能がねえ……お天道《てんと》さまはお見通しだぞ……俺たちは何があってもそんな真似をするんじゃあねえ」

勝蔵が両目を大きく開けて、満座の子分たちを眺めまわしたその様子が、ありありと目に浮かぶようである。

「俺たちは遊び人じゃあねえ。明けても暮れても働くんだ……天朝さまの家来だということ、忘れるなよ。そのつもりで働くのが俺たちの忠義だぞ。ここのところを飲み込んだら黒駒身内だ……今に上洛が叶ったら、生命を捨ててご奉公に励もうぜ……皆《み》ンな、わかったか？　承知ができたら身内になれよ……同じやくざはやくざでも、俺たちは勤王やくざだぞ」

勝蔵のこの宣言は、いちだんと青年たちからの人気を得た。その人気の中心にあったのは、今までのやくざの型を破った、一種の社会運動という点にある。喜平次が立ち上がって、
「さア皆ンな、黒駒の身内になれよ」
と音頭を取ると、来合わせた青年たちは一人残らず子分となり、勤王やくざの一念に燃える黒駒一党が生み出された。

こうして黒駒党の大方針が定まると、喜平次の隣屋敷の堀内五兵衛方のひと棟を勝蔵の住宅を兼ねた子分一党の本陣に充てることとした。近くの集落に広めることを目標として、勤王やくざの新運動がはじまった。

勤王主義社会運動

勝蔵はもともと、「やくざ」渡世を世間に対する懺悔《ざんげ》のための苦行として捉えていた。そのため、彼の真意は天朝さまへのご奉公第一であったのであり、単なる「やくざ」とするのはあたらない。もし、彼のことを「やくざ」の姿となってしまったではないか、と責めるのであれば、前記の「勤王やくざ」宣言こそ、その真意を物語っている。黒駒党の大方針は、勤王主義の社会運動に尽きる、といえる。

この運動の第一歩は、旧式やくざの悪い点を改めることからはじめられた。この旧式やくざとは、おおむね幕府側に立つ系統であったから、勤王主義の黒駒党は彼らと激しい戦いを繰り広げるのを宿命づけられていた。事実、このことが結果として、黒駒党と石和《いさわ》代官一派のやくざとの抗争につながったのである。

勝蔵と喜平次との合作と伝えられる勤王主義社会運動の原則は、次の三箇条からなる。

第一則　天朝さまへのご奉公を忘れるな

檜峰《ひみね》神社の社頭での誓いに基づくなら、運動の第一則は何を差し置いてもこのようにあるべきである。父吉左衛門《きちざえもん》の「家憲《かけん》」の第一則にも同じことが明記されており、勝蔵の信念がすべてこの点に基づいていたのは明らかである。彼の生命ともいうべき「勤王侠客《きんのうきょうかく》」の呼称がよく合っているのもこの点による。とどのつまり、黒駒の伝統精神の表れだからである。

第二則　村人は俺たちの手で守るんだ

幕府側の博徒たちが石和方面から黒駒の集落を荒らし回っていたのはいつものことであったから、従来から彼らに「村を荒らさせるな」の一語は、村の合言葉のようになっていた。これをこのまま原則に取り入れたのであろう。同時に、不心得の黒駒人に対する警告でもあった。この点は今日の警防団にも似通ったところがあり、おもしろい着眼であったと思う。

第三則　不義とみたら容赦はせぬぞ

不義の意味するところは広い。村外からの乱入者は述べるまでもなく、たとえ村人であっても村内の平和秩序を乱すいっさいの不義行為に対しては、皆で制裁を加えるという取り決めである。弱い者いじめをする高利貸し業者に対しては、すべて厳しく罰していたと伝えられているが、とりわけ子分である身内に対しては厳重であった。罪の重い者へは死罪（リンチ的制裁）を加えるという内規も存在したと思われる。のちに、子分のなかで二、三人ほど打首に処せられた者がいたことも事実であった。

ふだんは温厚で寛大なそぶりをみせる勝蔵であったが、ときには非常に厳格そのものの人間であったと評されるのは、この制裁の厳しさを指してのことであり、不義者に対する軍の規律のようなものと捉えるべきである。幕府の代官が腐敗してしまい、秩序を維持するだけの力を失っていた当時にあっては、村民が自衛をするのはやむを得ない事情があった。この点にこそ彼の郷土に対する社会奉仕の精神がみられる。

右は、勤王主義社会運動の主催者として多くの子分を率いた勝蔵にとって、責任の重大さを感

じていたがゆえに編み出された原則である。彼の苦心の結果であった。古代中国の軍事に関する思想書『孫子《そんし》』に、

大将は厳しさが第一である

という語句がある。これは、「一つの罪を正すことで、千百人を統率するための工夫」である。運動の三原則において、とくに制裁を厳しくすることを定めたのは、とても二〇歳の一青年の考えとは思えないほど、勝蔵には並々ならぬ才覚があったことを示している。

以上の三原則は暗黙の決まりごとではあったが、事実上、黒駒党の「魂」ともいうべきものであった。勤王主義社会運動のすべてが、この原則のなかにはっきりと描き出されている。やくざというと、自堕落な生き方をする者とさえ思い込んでいた石和の旧式やくざにとって、黒駒党の出現は脅威の対象であった。それは次々と起きた事実によって明らかとなった。

勝蔵の頭は日本晴れ

戸《と》倉組《くらぐみ》での陣構えも整い、三箇条の取り決めも村々へ知らされた。それを伝え聞いた村人たちは、勝蔵の旗揚げをどのようにみていたのであろうか。

三箇条の取り決めには誰も異議を差し挟まなかった。だが、人びとから異口同音に不審がられたのは、勝蔵の「無宿やくざ」の姿であった。ふだんから彼らに対して反感を抱いていた青年たちからは、「それ見たことか」とはやし立てられた。それは無理解から出た言葉であろうが、

「泥沼へ足を踏み込んだ勝の野郎のざまを見ろ！」

などと、大っぴらに悪口を言う者さえいた。こんな世間の噂を聞いて、一番に胸を痛めたのが勝蔵の母おかよであった。それからというもの、おかよには物思いの日が続いて、ときどきは声まで上げてさめざめと泣くのであったが、父の吉左衛門《きちざえもん》は、

「永遠に縁を切った勝ではないか」

と言って、少しも動揺することはなかった。そう言われれば言われるほど、おかよの未練はいよいよ募った。喜平次が勝蔵の後見をしていることさえ恨めしく思い、その果てにおかよは病気になってしまったという噂が戸倉組の本陣に伝わった。かねてより母思いの勝蔵にとって、それを聞くと痛々しく感じられ、気に病んだものである。

「喜平次さん。俺ァお袋に泣かれるのが、なによりも辛うござんすよ」

鬼とも取っ組み合いをしそうな黒駒党の親分が、ここまで元気をなくしてしまうのかと思うと、喜平次には慰めの言葉もなかった。

「俺ァ世間からなんと言われても恐くはねえが、ただお袋に泣かれるのが……」

「……」

「考えてみれや、あの勘当の日に俺ァ死んじまって、今生きているなァ魂だけみてえなもんでござんすから、どれほど実家へ帰れと言われても、二度と再び帰れる俺じゃあござんせん」

「……」

「それにもうこの体はお上へ差し上げたもんでござんすから、何と思い返しても……親不孝か知らねえが……いや、ご奉公のほうがもっともっと大事だから……ここんとこは、お袋に諦めてもらうより外《ほか》に仕方がござんせん……喜平次さん……この俺の苦しい胸の内をどうぞとっくりお袋にお話をしてくだせえよ」

何物にも恐れを知らない勝蔵であっても、まだ二〇歳になったばかりの若者である。血縁の情にほだされてはひしひしと胸にこみ上げ、むせび泣きを我慢することができなかった。

「親分、そのことなら引き受けましたぞ」

喜平次は自信があるように勝蔵を慰めた。

「喜平次さん、畏れ多いが、黒駒勝蔵は、いや、黒駒党は、天朝さまの家来のつもりでござんすよ。このことをようくお袋にも飲み込ませていただきてえ。無宿のやくざは辛《つれ》え渡世でも、こいつァ俺の念願でござんすから、今にきっとお袋も喜ばせてやりやすよ。どこの誰だか、勝の野郎が泥沼に足を踏み込みやがったぞ、と陰口をたたいてけつかるそうでござんすが、今にその泥沼に綺麗《きれい》な蓮華を咲かしてみせやすぞ。そう聞いたらお袋も……少しは気を取り直すでござんしょう……このことを是非、よしなにお頼み申しやす」

「合点だ……」

「喜平次さん、お袋が安心してくれやしたら、もうそれから、俺の頭は日本晴れでござんすよ」

喜平次はその日のうちに小池家を訪ね、戸倉の衆の志だと言って、かつお節一箱をおかよに贈った。そして、よもやま話をしながら、勝蔵の気持ちを伝え、彼女を納得させたと伝えられている。

四、大侠、一躍檜舞台へ

甲州やくざの伝統

野に咲いた武士道の花、勇敢で無敵の長脇差で名を売った甲州やくざは、そもそもどのようにして誕生したのであろうか。当時、侠客は長い脇差を腰に差していたことから、侠客のことを〝長脇差〟と呼んだ。

この〝甲州やくざ〟が生まれたのも歴史的な「甲州魂」の一つの表れなのではないか。「甲州魂」を体現した偉大な人物は、軍神武田信玄公と信玄公の心をよく理解した甲州勢である。川中島合戦の際に、あれほどの武者ぶりを見せたのはまさに「甲州魂」であり、その華々しさと輝かしさのなんという飛躍ぶりであったか。

信玄公は最後に織田・徳川の連合軍を遠州三方ヶ原の戦いで破り、大勝利を収めたが、そこで

受けた傷が悪化し、やがて臨終のときが近づくと、

「自分が死んだら、鎧《よろい》と兜《かぶと》を着せて棺に入れ、顔を京のほうに向けて、琵琶湖の底に沈めてくれよ」

との遺言があったと伝えられている。これがはたして実行されたのかは不明である。だが、この遺言の意味からすると、信玄公の遺骸は天下統一を果たそうとする人柱の姿であり、その真意はむしろ勤王の大事さを暗示したものではないだろうか。武勇と勤王と、この二つの大きな目標こそ、信玄公によって表現された「甲州魂」の本質ではないかと思う。

歌人としての信玄公は、奥ゆかしくもその心境を左のように詠み上げ、勤王の信念を披露している。

古も今もかはらじすなほなる
　道をただすの神の誓は
いはと山緑も深き榊葉を
　さしてぞ祈る君が代のため

その後、武田家の武運は尽きてしまい、天目山《てんもくざん》の戦いで滅亡を迎えようとした。このときにも「甲州魂」はその本領を発揮した。かねてより、他人からの告げ口で捕らわれの身となっていた小宮山内膳《こみやまないぜん》は、主君の危機を知ると天目山に馳せ参じ、勝頼公の最期を見守りながら、自身も潔く殉死《じゅんし》を遂げている。

藤田東湖《ふじたとうこ》の有名な『正気歌《せいきのうた》』に、

或いは狥ふ《したが》天目山、幽囚君を忘れず

と歌われているのは、小宮山の殉死とその奉公ぶりを称えてのことであった。その様は、富士山にも桜の花にも似た彼の人間性がにじみ出ている。これも意気の盛んな「甲州魂」の表れではないか。

武田勢の残党は散り散りばらばらとなって四方に逃れ、多くは主家の滅亡に恨みを抱きながら田園の中に身を潜めた。そのなかには小宮山内膳と同じように、悲しく憤る思いを胸に抱いた武士も少なくはなかったであろう。その昔、川中島で上杉勢を蹴散らした甲州武士の血が、彼らのような残党にも脈々と流れていたのは必然であり、ここに伝統の「甲州魂」が培われていったのである。

武田家が滅亡してからは、甲州には「藩」が置かれなかった。代わりに設けられたのが幕府の天領と田安領である。これは、甲州人をわざと対立させ、互いに争い合うよう仕向けた幕府の陰険な政策が込められていた。すなわち、甲の村が天領であれば、乙の村は田安領という形で対立させたので、甲の村と乙の村とでは年中、争いごとが絶えなかったのである。その結果、村々間での団結心は育まれず、これこそが幕府の狙いであった。

つまり、甲州の人びとが一致団結して幕府に反抗するのを恐れてのことだったのである。武田家滅亡以来、密かに存続していた「甲州魂」が活発となり、幕府に反抗する機運が高まることに対する予防策といえる。

天領という言葉は、本来は天朝さまのご領地という意味である。だが、徳川将軍の領地をも天領と称するのは、立場を越えた呼び方なのである。天領には幕府から代官が派遣され、彼ら代官の悪政によって甲斐国中の人びとが苦しめられてきた。この点では、天領も田安領も同じであったから、幕府が存続した約三〇〇年間は「甲州魂」が表に現れようがなかった。まさに暗黒時代であったのである。

幕府への反抗心が勤王心の発揮を促したのも自然の勢いであった。約三〇〇年間の「甲州魂」の暗黒時代にあって、勤王運動の先駆者となり、大いに威勢よく活動した人物として『柳子新論《りゅうししんろん》』の著者、贈正四位山県大弐《やまがただいに》が挙げられる。

大弐は享保一〇年（一七二五）、甲斐国巨摩《こま》郡北山筋篠原村（現、山梨県甲斐市）に生まれた。今から二一八年前のことで、水戸藩編纂の『大日本史』もすでに世に現れ、人びとの心は幕府から離れようとする時代であった。

大弐の系図をみると、彼は武田二十四将の一人として勇名を馳せた山県三郎兵衛昌景《やまがたさぶろうべえまさかげ》から八世の孫にあたり、その血統からしても甲州武士の典型となる素質を備えていた。

彼が勤王家となった動機は、一八歳のときに兄の昌樹《まさき》と京へ上って古典の研究をしていた際、天朝の衰えぶりを目の当たりにしたことにあった。そのご様子を深く嘆き悲しみ、また怒りも覚えたことがきっかけだったという。

彼は初めに山梨郡下小河原村山王権現の神主である加賀美桜塢《かがみおうう》（加賀美光章《みつあき》）と巨摩郡藤田村の儒学者である五味釜川《ごみふせん》から教えを受けた。のちに学業を成就させてから、三〇歳のときに武蔵国岩槻の城主である大岡出雲守から学者として招かれた。だが、そこでは賄賂の習慣がはなはだしかったのを嘆き、結局は辞任した。その後、江戸八丁堀永沢町に家塾を開いた。このころは甲州出身の勤王家としてその名は天下に知られ、門弟も三〇〇〇人を数えるほどであった。

彼は、行動派の頭目と称せられた。三八歳のとき、すなわち宝暦一二年（一七六二）四月に故郷に帰り、酒折宮《さかおりのみや》に碑文を建てた。おそらく何か考えがあったのであろう。宝暦事件という勤王運動により京を追放された竹内式部《たけのうちしきぶ》が甲州を訪れ、初めて大弐と親交を結んだのもこのときであった。

彼の名著『柳子新論』は、皇室の尊厳と国体の本義、つまり、日本の国柄を明らかにしたものである。だが、幕府の政治を批判したことから役人に目を付けられてしまった。また、門弟に対して軍事の研究を口実に甲州の要害ぶりを説き、あわせて江戸城攻略の方法についても講義したことが問題となり、今（昭和一八年）から一七六年前、つまり明和四年（一七六七）二月一八日に捕まり、同年八月二一日に伝馬町の牢屋で処刑された。四三歳の人生であった。辞世の歌として次の一首がある。

曇るとも何か恨みむ月こよい
　はれて待つべき身にしあらねば

武田の勇将であった山県三郎兵衛昌景の血統を引く山県大弐にとっては、討幕の夢を説くのは当然のことである。当時の甲州人のあいだで、いかに反徳川の機運が盛り上がっていたかをうかがい知ることができる。甲州の勤王やくざは、こうした空気の中から生まれてきたのである。

普通のやくざは市井《しせい》の遊び人に過ぎないが、勤王やくざとなるとその活動目的は、天朝さまへのご奉公であり、行動もおのずと政治的な性格を帯びてくる。その由来を尋ねてみると、水戸義《ぎ》公《こう》（徳川光圀《みつくに》）による勤王運動のころから芽生えていたように思われる。

伝承によると、義公は勤王を主張した以上は、できることならすぐにでも幕府を倒し、政治の実権を朝廷にお返ししたいと決意していた。そのため京のある筋へ密書を送ったことがある。（詳しくは拙著『皇道と日蓮』を参照してほしい）。

この計画はあまりに破天荒であったためか、京側から異議の声が上がり、自然消滅してしまったといわれる。だが、右の件に関わって、やくざが登場する点はおもしろいと思う。


それは、いざとなった場合に、大江戸八百八町に夜討ちを掛けるという、今日でいう思い切った焦土戦術であった。その先頭に立つ者として選ばれたのが、当時の関東におけるやくざ部隊で、なかでも強く期待されたのが甲州やくざであった。云々

これは事実上、ありそうな伝説である。甲州のやくざが勤王運動の一翼を担い、政治運動に大きな役割を果たそうとしていたのは、すでにこのころからはじまっていたのである。

いずれにせよ勤王やくざの出現は一朝一夕のことではない。武田家が徳川勢に滅ぼされたという生々しい事実が、幕府に対する甲州人の反抗心を大いに高めた。それに加えて代官の悪政がいよいよひどくなったのであるから、幕末になって代官の勢力が日ごとに衰えるようになると、甲

州武士の伝統に生きる勤王やくざたちは躍り上がり、悪代官たちを懲らしめるようになった。これは決して偶然とはいえない。

甲州の勤王やくざは右に述べた事情から、幕府代官に対する反発力は、他国のやくざ集団とは比べものにならないほど強かったのである。したがって勤王運動に参加した熱意において、鮮やかに特色づけられた激しさが甲州やくざにはあった。この点、信玄公の遺言に隠された勤王主義の意志は、大侠黒駒勝蔵に受け継がれ、それが形となってありありと表れたのである。

勝蔵を導いたのは勤王主義の神主たちである。だが、勝蔵を生んだのは、長いあいだにわたって押さえつけられてきた「甲州魂」の伝統そのものなのである。

代官と親分の対立

天保（一八三〇～四四）から弘化（一八四四～四八）、嘉永（一八四八～五四）にかけて、日本の近海に外国の黒船がたびたび出没し、世間も急に騒がしくなってきた。だが、甲州の代官は約三〇〇年の太平の世の夢からさめることはできないでいた。とくに石和《いさわ》代官の内海多次郎《うつみたじろう》は評判が悪く、悪代官のひと言に尽きる人物であった。

当時の代官は、本妻を江戸の自宅で留守をさせ、自分のみが道楽で任地に向かうような意識の者が多かった。彼らは多数の妾《めかけ》を抱え、日夜、酒宴にふけるのが習いであった。そのため道楽費が非常にかさむのは当然のことで、なんとしても不正に収入を得る必要に駆られていた。

不正収入のなかでも、目立って悪質とされたのは、代官ともあろうものが博徒を手先とし、代官公認の賭場を開かせ、莫大な場所代をせしめていたことである。たとえ間接的であったにせよ、代官が手下に博奕を打たせるのが公然の秘密であったので、ならず者のやくざたちが我も我もとそれを見習うようになり、大っぴらに周囲を荒らし回ったのである。

その一例として、石和代官所から約一一〇メートルも離れていないある土蔵の中で、毎日のように賭場が開かれていた。その間は土蔵の周囲に多くの岡っ引きたちが見張り番をしていたので、今でもこの方面では一つの話題となっている。役所側が賭場を取り締まらないばかりか、あべこべに役人たちがそれを警護し、無事に博奕を打たせたというのであるから驚き入る。

また、別の例として、富裕な人物を脅迫し、賄賂を強要することが平然と行われた。代官はまったく鬼畜というほかなかった。このように、善良な風俗を乱す「社会悪」の中心は代官自身であったから、ここに図らずして代官の弱点がさらけ出されることとなった。その弱点とは、代官の力では博徒の親分連を取り締まることができなくなってしまったことである。

やくざの取り締まりというと、古くからずいぶんと厳しい掟が触れ出されていた。その掟によると、次の二箇条があった。

一、やくざの親分は島流しとする
一、無宿者は打首とする

この「掟」が容赦なく適用されようものなら、やくざたちは皆、根絶やしにされたはずである。だが、前記の通り代官側に弱みがあったから、実際はこの掟も文字通りに執り行われることはなかった。

もっともこれは、悪代官と黒い関係でつながる御用やくざへのお目こぼしとか手加減というべきものであった。逆に、悪代官に反抗する人には弾圧を加え、とてもむごたらしく「掟」の通りに、次々と遠島や打首などの刑を課した。この依怙《えこ》贔屓《ひいき》は、代官に反対する親分たちを挑発するようなものであったから、おのずとそれが代官への猛烈な反抗心となって表れた。

「それなら、腕づくで相手になろう」

と言って、多い者になると数百名の子分を養って、代官役所を襲うかのような態度を示した者もいた。

こうなると主客は転倒して、あべこべに代官が親分側にとっちめられる立場になってしまった。

勝蔵が初めて戸倉組《とくらぐみ》で名乗りを挙げた際、甲州には三人の大親分がにらみ合い、火の出るような縄張り争いを繰り広げていた。勝沼《かつぬま》の祐天《ゆうてん》、竹居《たけい》の吃安《どもやす》、津向《つむぎ》の文吉《ぶんきち》がそれである。

祐天は代官所のある石和宿から勝沼方面にかけて東のほうを勢力範囲とし、曹洞宗の名刹である中山の広厳院《こうごんいん》を根城にしていた。彼は石和代官の手先となった悪質な御用やくざの大親分で、元々は幕府側に味方する犬であった。さらに明治維新の際には、近藤勇《こんどういさみ》の手下となって新撰組の仲間に入り、ますます悪党ぶりを発揮したのである。

甲州の中央部、甲府から南に延びて勢いを振るったのが竹居村の大親分である吃安である。彼は子分の数は多くなかったが、剛勇の人物であったことから、その勢力は甲州全域に及んでいた。彼は石和代官にとってもっとも手強い存在であったようで、なにかの事件があっても正面から検挙をすることができなかったという。このことからしても、吃安がどんなに強く、また、代官はどんなに弱かったのかがよくわかる。

甲州の西南部、身延《みのぶ》の一角で頑張っていた大親分が津向村の文吉である。身延には徳川家康の側室お万の方が建立された日蓮宗大野山本遠寺《ほんのんじ》があり、この寺は紀州徳川家の菩提《ぼだい》所なので、役人が踏み込むことはできない地であった。そのため富士川筋を縄張りとして、賭場も相当にぎわったとされる。彼は前面の強敵である吃安からたびたび攻められたので、富士川水路の便がある清水次郎長と関係を結び、兄弟分の盃を交わしていた。あとになって吃安との決闘により、文吉は伊豆三宅島に流され、その結果、河内一帯の富士川べりの縄張りは、そのまま清水次郎長の懐に入った。

今、駆け出しの青年親分勝蔵は、一方で石和の代官ににらまれながら、彼らのような大親分の相手をしなければならなかった。とくに彼のいわゆる勤王主義社会運動の三原則は、決して一時的な口先だけの主張ではなかった。それは石和代官を中心とする「社会悪」への真剣な抗議であったから、各方面からの風当たりがかなり強いものであったことは想像に難くない。しかも彼は、

「俺も男一匹だ」

と、「甲州魂」を胸いっぱいに膨らませて、殺気あふれる甲府盆地へ出陣の機会をうかがっていた。

竹居の吃安と結ぶ

神座山《じんざさん》の青葉の森がひときわ朝日で輝いていた日のこと、勝蔵は長い刀を腰に差し、旅姿も決まった様子で、ただ一人、風を切りながら戸倉《とくら》の台地を下りていった。世間から猛虎のように恐れられているやくざの雄であった竹居村《たけい》の吃安《どもやす》の許を訪ねるためであった。

吃安の本名は安五郎《やすごろう》で、生まれつきどもりがあった。なにか気に食わないことがあると、身を震わせて怒り、すぐに刀の柄《つか》に手を掛けるほどの短気者であった。

竹居の吃安鬼より恐い
ドドと笑えば人を斬る

こんな小唄が流行っていたことを勝蔵はよく知っていた。

竹居村は、戸倉組から西南約一二キロのところにある。彼はよく知っている近道を急ぎ、吃安の屋敷を訪れると、取り次ぎに出た二人の子分は早くから彼を見知っていた若者であった。

「これはこれは、黒駒の若旦那、ようこそ」

と、愛想よく迎えて、奥のほうへ来客の趣を伝えたところ、吃安はいつもの通り不機嫌であった。

「な、な、なんの用向きだッ」

若者は怒鳴られてしまい、たじたじであった。

「黒駒の名主の小倅《こせがれ》かッ、俺のほうにァ用はね、ね、ねェと言ェ」

吃安はたたみかけるように言い放った。広くもない家だから、その声は玄関まで筒抜けである。

若者は必死になって弁解し、なかなか勝蔵を家に上がらせようとはしなかった。二時間近くもそのままにしておかれたが、

(よしよし、今日は根くらべ、知恵くらべだぞ)。

勝蔵は自信のある笑みを浮かべ、少しも動揺した気配をみせなかった。いかにも気安そうに若

者と話をしていると、吃安が若者の一人を呼ぶ声が聞こえた。

「す、少しは骨がありそうだな、まァ通せ」

勝蔵は初めて奥へ案内された。初対面の挨拶がすんでみると、ひねくれた吃安は顔を横に向けて、煙草をふかしていた。不愛想というよりも、気まぐれなのであろう。勝蔵は取り付く島もなかった。こうして両人に長いあいだの沈黙が訪れたが、吃安が根負けしたのか勝蔵に向き直り、いきなり吐き出すように問いかけた。

「な、何の用向きけえ」

勝蔵は素直に頭を下げて、その来意を語った。

「親分、俺ァ新前のやくざでござんすが、どうぞ俺を親分の身内に入れて……」

まだ言い終わらないうちに、吃安はにべもなく遮《さえぎ》った。

「い、い、い、い、い、いけねえ、いけねえ」

「何故でござんすか?」

「な、なんといってもいけねえ」

吃安には、勝蔵が身内へ加わることを希望した真意がよくわからなかった。それは、勝蔵のことを黒駒村の名主の小倅だとばかり思っていたからである。お定の事件から一生の勘当まで受けたことを知らなかったからである。そこで真っ正直の親切心から、「村役人の家柄のぼっちゃんが間違ってもやくざにはなるものでない」と、その道理を勝蔵に細々と言って聞かせたのである。もっともな話ではあったが、一生分の生き方について見通しをもった「黒駒勝蔵」にとっては、この程度のお説法で引き下がる訳がなかった。

彼の肚《はら》には、早くから黒駒・竹居の同盟計画が練られていたのである。戸倉組では、いちおう青年親分の看板を掲げたものの、まだ世間がそれを受け入れてくれないことから、当面のあいだは吃安に手助けしてもらおう、と目論んでいた。

（どのようにして承知をさせよう。いや、口では駄目だ。よし、肚に物をいわせてやるぞ！）

勝蔵は口をつぐんで、もう何も言わなくなった。彼の腹芸に長じた途方もなさが、ここにもよく表れている。隣の部屋では、若者たちが息をのんで、この勝負の行方を見守っていた。

（うかつにせがむと、ウチの大将はすぐに刀をギラリと抜くから危ねえのになァ）

それを承知で、吃安に食い下がる勝蔵の度胸は大胆というほかなかった。どこまでも無言で押し通そうとしたのは、生命をかけて魂の戦いを挑んだからであった。ひたすら閉じた口元からは雷の轟く音が聞こえそうな迫力があり、にこにこした表情には鉄や石のような意志の固さが宿っていた。若年でありながら、なんという押し出しの強さであったであろうか。

（吃安は笑うと人を斬るというが、本当にそうなのか、今日は手の内を見てやるぞ！）

勝蔵は、吃安が今にも笑うかどうか、にらみつけていたが、どうしても笑う気配はなかった。

笑わないだけでなく、その大きな目玉は、わずかの隙もなく鋭く光っていた。もし笑ったのならば、そのときはどうするか、勝蔵は十分な備えを整えていた。

吃安は勝蔵をいさめようとしたが、勝蔵は勝蔵で逆に吃安を試そうと構えていたのである。すると、この息詰まる沈黙を破り、吃安はだしぬけに勝蔵に問いかけた。

「貴公は、い、い、生命は惜しくねぇのかよ」

「……」

このような問答に勝蔵はなんの興味もなく、ただ沈黙してほほ笑み続けた。吃安もこの辺でむかッ腹を立てて、いきなり勝蔵を斬り付けそうな感じであったが、そのような動きもみせず、どうやら思案に暮れたようであった。

(これが二〇歳そこらの若者かなァ。死ぬ・生きるなんぞは屁とも思っていなそうだ。こいつァ馬鹿にァできねえぞ)

吃安は頷《うなず》き、固く結んだ一文字の口をぱっと大きく開かせ、激しくどもりながら言いはじめた。

「きょ、きょ、きょ、兄弟分になろうぜ」

吃安がこう言い放ち、心から笑いはじめると、勝蔵もそれに調子を合わせて朗らかに笑った。

「どうもありがとうございました」

勝蔵は初めから吃安という人物を見抜いていたが、一方で、その勝蔵を認めた吃安の目も曇りがなかった。

「おい、さ、さ、酒の支度をしろ」

気難しい吃安もこのときばかりは心から打ち解けて、勝蔵と話し合い、兄弟分の盃事は夜の更けるまでにぎやかであったという。ちなみに、この日、吃安の家で取り次ぎをした二人の若者こそ、のちに勝蔵の右腕・左腕としてその名が知られる大岩・小岩である。


勝蔵がやくざとして旗揚げをする第一歩として、先輩の吃安と同盟を結んだことは、なんといっても大きな成功であったといえよう。この噂が付近一帯に伝わると、石和《いさわ》代官とその配下一味にとって勝蔵は、大きな敵と認識されるようになった。青年親分であった黒駒勝蔵はもはや単なる戸倉組の一用心棒ではなく、甲州という檜舞台の主役として躍り出たのである。

見よ、初陣の大手柄

甲州の三大親分のなか、その第一人者である竹居《たけい》の吃安《どもやす》と同盟を結んだ勝蔵は、それから三日目に大手柄を立てた。幸先《さいさき》よく、幕府側の大物であった勝沼《かつぬま》の祐天《ゆうてん》を中山の広厳院《こうごんいん》で見事に成敗したのである。

この広厳院というのは、曹洞宗の禅寺で、関東八百八箇寺の触頭《ふれがしら》である。〝触頭〟とは、江戸幕府などから任命された有力寺院で、本山の命令などを配下の寺院に伝達する役割をもっていた。権威ある寺院であったため、法令で禁止されている賭場を開いても役人から咎《とが》められないことで知られていた。毎年四月一六日が恒例の縁日で、この日に親分祐天が子分たちを大勢引き連れ、この寺を訪れたとの知らせが入った。

「いい潮どきだ、きっと仕返しをしてみせるぞ」

勝蔵は思わずほくそ笑みながら立ち上がった。この寺はもともと吃安の縄張りであったのに、石和《いさわ》代官を後ろ盾とした祐天がずるずると我が物顔で横取りしたのである。勝蔵の言い分はこの点にあったため、祐天には七分の弱みがあった。だが、勝蔵ただ一人の殴り込みである。しかも新前親分の初陣《ういじん》でもあった。それでも一気に敵陣に踏み込もうとするその「甲州魂」は大胆であった。すでに勝蔵は祐天を圧倒していたのである。

寺の中の一室では、祐天の子分たち数十名が車座になり、丁半の大勝負をしていた。勝蔵がずかずかと入口から入ろうとすると、見張り番の男が目ざとく見つけて立ちふさがった。

「やい、若えの、何用があるんだい」

「黙れ、言い分ならこっちにあるんだ」

「何を言いやがる……」

「しゃらくせぇ」

見張り番が、なにかふてぶてしく言い募ろうとするのにはかまわず、勝蔵はさっさと賭場に入り込み、その中心に大きく胡坐《あぐら》をかきながら、ぎょろりと一同を見廻した。一座の者はしばらく呆気にとられていたが、やがてざわざわと騒ぎはじめ、殺気が室内に満ちあふれた。祐天も急いでその場に駆けつけたが、勝蔵が何者なのかがわからなかったため、子分たちの動きをただ止めるだけであった。

一方、勝蔵は身じろぎもせずに祐天の出方をうかがったが、

（なんだ、祐天の腰抜けめが……）

と、腰を上げて仁王立ちになった。その場を威圧するかのような大男である。素早く鞘《さや》からぎらりと光る大刀を抜き、摩利支天《まりしてん》のように正面に切っ先を向けて構えた。その視線は火矢《ひや》のように祐天を正面から射抜いた。

「野郎ッ、抜きやがったな」

と、脅えるように声を震わせる者もいた。その場が急に乱れはじめたので、祐天も我慢ができなかったように口を開いた。

「おい、若ぇの、お前は何処の何物だ。名乗りやがれ」

勝蔵の初陣

この場に乱入した勝蔵は落ち着き払いながらせせら笑いをし、

（この虫けらめ、びっくりするな）

とつぶやきながら、大きな声を張り上げた。

「それや俺のほうで言うことだ。うぬらはここが誰の縄張りだか知らねえか。知らなきゃ言って聞かせてやる。うぬらァ、竹居の吃安親分を忘れたか。その吃安親分の縄張りへ誰に断って来やがった。俺ァ吃安親分の兄弟分だぞ。黒駒の勝蔵たァ、俺のことだと覚えておけ。この勝蔵が今日、何しに来たのか、たまげるな。この場の稼ぎは一切合切《いっさいがっさい》、竹居の親分へ皆《み》ンな俺が届けてやる。さあ腕づくだ。不承知なら刀を引っこ抜け。相手になってやるから、掛かってこい」

今、目の前で刀を抜いて身構えている若者が吃安の兄弟分だと聞き、祐天は怖気《おじけ》を振るった。

その不安の様子を見てとると、勝蔵はすかさず第二の矢を放った。

「やい、祐天、言い分があるなら言ってみろ」

祐天が勝蔵の剣幕にぎょっとしていると、一座の子分どもは青くなり赤くなって悔しがった。

「なんだって、若えの、ふざけるない」

なかには、「黒駒評判の名主小池家の倅《せがれ》だな」と、勝蔵の素性を知っている者もいた。

「やいやい、名主の倅がどうしたんだ」

すると、子分のなかには、祐天が刀を抜かないのをもどかしがり、

「大将ッ、この若造を叩ッ斬っちめえなせぇ」

と、急《せ》き立てた者もいた。祐天はさまざまな面で勝蔵に急所を突かれた。そのなかでも祐天は、「あの竹居の子分たちが、さらに後ろに控えているのか」という点をひどく心配していた。彼は吃安の戦い方をよく知っていた。ここでまごまごしていると、どんなはずみで血の雨を降らすことになるのか、その点が気がかりとなったのである。

「皆ンな、控えろ。静かにしろ」

祐天はいきり立つ子分どもを押さえ、ぬけぬけと白旗を立てようとしたのであった。不甲斐《ふがい》ない無条件降伏なのである。

「おい、黒駒の、今日の話は手前の度胸に免じて言い分を聞いてやる。だが、忘れるなよ、俺の顔をようく見覚えろ。きっと黒駒へ、仕返しに出かけるぞ。そのときァ、手前のそッ首、何がなんでも受け取るぞ」

一座の子分どももどっと声を揃《そろ》えて吠え立てた。

「行くぞ、きっと行くぞ、この青二才め」

これが祐天一党のせめてもの気休めなのである。勝蔵はそれを聞いて、からからと笑った。

「やい、勝沼の、手前こそ俺の面を見違うな。用があったら何十人でも戸倉《とくら》まで押してこい。待ってるぞ」

祐天がすごすごと広厳院の裏門から出ていくと、子分どもも蜘蛛《くも》の子を散らしたように逃げてしまった。こうして吃安の縄張りであった広厳院が取り戻され、勝蔵の初陣に素晴らしい勝名乗りが挙げられた。

勝蔵の気迫と剣法

大親分祐天《ゆうてん》とその一党とがたった一人の勝蔵によって、何故たわいもなくやり込められてしまったのであろうか。それは勝蔵得意の剣法「正眼《せいがん》の構え」がこのことをよく説明してくれる。

彼は子どものころから、剣道を好んでいたとされ、父吉左衛門《きちざえもん》の使用人であった小宮山嘉兵衛《こみやまかへえ》から教わっていたことは前に述べた。その後、やくざとして大刀を腰に差す立場となると、剣術についてひと通りの心得をもつ必要性を覚え、あちこちの剣道場へ修行に出かけた。彼は負けず嫌いな性格であったから、腕のたつ年長者と火花を散らしながら刀をぶつけ合うことが多く、いつも生傷が絶えなかった。こうしたことにより、早いうちから剣道の素地ができ上がっていたのである。

この剣道の技に加え、激しく燃えるような気迫を剣に込め、それを表現し得た点にこそ彼の真骨頂があった。彼の剣法は「技」というよりも「魂」の飛躍といったほうが当たっていた。だから、祐天に立ち向かった際にも、先に彼らの肝をつぶすことができたのであり、これは普通のやくざでは及びもつかない能力であった。

彼の得意とした「正眼の構え」は、いわば気迫を剣に発揮させる型である。かつて檜峰《ひみね》神社の社頭において、生死の迷いを乗り越えたほどの信念により、彼の剣法は大きく上達したのである。

黒駒党に危機迫る

中山の広厳院《こうごんいん》で祐天《ゆうてん》一味を追い払ってから、一か月がたち、二か月がたって、真夏の季節になっても、勝沼《かつぬま》勢が仕返しに押し寄せてくる気配はなかった。だが、祐天らの陰湿な企みは徐々に実現化しつつあった。

陰湿な企みとは何か。勝蔵による広厳院の賭場荒らしがあって間もないころ、彼の身内の者がちょっとした間違いから石和《いさわ》方の一人のやくざを斬ってしまった。その話が大きくなり、親分である勝蔵捕縛の噂にまで広がってしまった。祐天がこの事件を利用して、石和代官をあおったのである。

そもそも広厳院の賭場荒らしで、今さらのように驚いたのは、当事者である祐天よりも内海代官その人であった。これまで竹居《たけい》の吃安《どもやす》一人でさえその手強さに困っていたのに、新たに勝蔵が彗星のように現れ、彼ら同士で手を握り合ったのだから、代官にとってはこの同盟軍が怖《おそ》ろしくてたまらなかったのである。そのため石和の代官役所では、勝蔵捕縛の手配が迅速に進められた。石和方と黒駒側との対立は日増しに深くなり、その爆発を前にして、危機は勝蔵の身近に迫った。

今にも検挙がありそうな夜のこと、勝蔵は喜平次を相手に、ひそひそとその対策について語り合っていた。

「喜平次さん、こうなりゃ討つか、討たれるか、黒駒勝蔵と石和代官との一騎打ちでござんすよ。これも男の運定めだから、こっちから先手を打って、代官にひと泡吹かせてやりやすかな」

「えッ、そりゃ考えもんですぞ」

喜平次は、相手が代官では始末が悪いので、しばらく自重するよう勝蔵に勧めた。だが、役所の者たちがいつ勝蔵の許に捕縛に来るのか、それがわからないため、もう自重も何もない状態であった。

「だが、喜平次さん、心配かけちゃすまねぇが、俺ァ我慢がならねぇんだ。代官なら相手にとって不足はねぇし、笑って死んでみせやすよ」

途方に暮れた喜平次は、一度は竹居の吃安兄弟分に相談をするのがよいであろう、と言ったが、勝蔵は冷たく笑って受け入れなかった。

「生きる死ぬは、俺の肚《はら》で決めやすよ」

勝蔵が死ぬつもりでいるのを見ると、まさかとは思った喜平次だが、いよいよ不安でならなかった。

「では親分、それほど思い込んだのなら、たった一つ俺の言いてえことがある。大事の大願のある親分が、たかの知れた田舎侍の代官風情と刺し違えようというのが、俺ァ一番気に食わねぇ。親分は俺になんと約束しただかね……身も家も捨てたのは……畏れながら京にご座らっしゃる天朝さまへのご奉公のためなのに、それを今……犬死にをしちまっては……ご奉公はどうなりますかい。俺ァ反対だ。親分がなんと言っても……代官と一騎打ちは反対だ。親分……そんなに急《せ》えて死ぬにも当たるめえ……俺ァなんとしても反対だ……」

喜平次の両頬には涙がぼろぼろと流れていた。熱情を込めた意見に対し、さすがの勝蔵も譲歩して話は穏やかに収まった。だが、「勝蔵捕縛」への対策はどうなるか？　参謀役である喜平次の肚は早くから決まっていた。

「親分、竹居の吃安兄弟分とひと相談打ちなせえ。そこでまとまったのなら、それこそ威勢のいい話ですよ。竹居だってきッと喜んでくれますし、そうすりゃ代官も祐天も尻尾巻いて、間違えッこなく降参とおいでなさりますぜ。親分、こいつもついでに、『うん』と言ってくだせえよ」

勝蔵に不服のあるはずはなく、さばさばした表情の上には、新しい希望の色さえ漂っていた。

翌朝、両人は気も晴れ晴れと竹居の吃安を訪問したところ、竹居のほうからも意外な「話」が両人にあったのである。その「話」とは――。

石和の代官所でも、勝蔵を捕縛した場合に、吃安から反撃されることを恐れていた。勝蔵を捕まえれば、眠っていた竹居の虎を目覚めさせるようなものだと気づいていた。そうはいっても、吃安・勝蔵の両雄を一緒に倒すには代官役所はあまりに弱く、そのため、両雄の陣営に対し、進んで妥協を申し入れようというのである。

これが代官側の意向であって、その橋渡しの役割を演じたのが、甲府の代官である岡部市太夫という者であった。吃安とはかねてから深い関係にあったことから、先に吃安を言い含めておき、吃安から勝蔵をなだめさせようという段取りであった。この妥協案には、吃安側にも拒むことのできない義理があり、喜平次も賛成していたので、勝蔵にも異議はなく、たちまち和約が結ばれたのである。

この和約の条件とは、石和の代官所が勝蔵を検挙しない代わりに、勝蔵もしばらく甲斐を離れる、というものであった。

しかし、代官一味にもともと誠意などあろうはずはなく、また、勝蔵自身も心から納得していたわけではなかった。やがて襲ってくるものは嵐か地雷か。勝蔵と石和代官との宿命の闘争は、ますます深刻になっていったのである。

まず試練の初旅へ

それから勝蔵は代官側との約束の通り、竹居《たけい》の吃安《どもやす》には心を残しながらも、まず伊豆方面へ試練の初旅に出ることが決まった。折から秋も深まり、周囲の山々が薄赤色に染められた一一月のことであった。

このとき、勝蔵に同行したのは大岩と小岩であった。この両人は前にも述べた通り、吃安の子分であったが、のちに勝蔵の身内になったほどの勇者であった。大岩は甲州八代郡英《はなぶさ》村成田の生まれで、見上げるような大男であった。小岩も同じく英村中川の生まれで、このほうは身長約一五〇センチにも足りない小男であった。このころの流行り歌にも、

障子にうつるは黒駒身内
大岩小岩の影が差す

とあって、清水次郎長の子分大政《おおまさ》・小政《こまさ》と同様に称えられたものである。

風除け用の合羽を羽織って、菅笠《すげがさ》をかぶり、手甲《てっこう》・脚絆《きゃはん》を身に付けた、草鞋《わらじ》履きの旅姿はきりりと決まっていた。喜平次以下黒駒身内の者に見送られて、夜明けごろの暗闇のなか、勝蔵らは戸《と》倉《くら》本陣を出発し、御《み》坂《さか》峠を越えて沼津街道を南に下った。

途中は何事もなく、沼津から三島を過ぎると、下田街道をまっしぐらに南へ南へと向かい、長岡から修善寺大場などの宿々へ、そして下田港まで伊豆一円の旅を続けた。

このときの旅日記があるわけではないから、詳しい話は伝わらないが、吃安と兄弟分の大場《だいば》の久八《きゅうはち》をはじめ、赤鬼《あかおに》の金平《きんぺい》・函根の二郎、下田の安太郎などの顔役たちと盃を取り交わし、仁義の約を結んだのは、勝蔵初旅の大きな収穫であった。

伊豆の両雄の大侠客

伊豆を代表する両親分として、まず大場《だいば》の久八《きゅうはち》と赤鬼《あかおに》の金平《きんぺい》を挙げなければならない。彼らは幕末の侠客《きょうかく》の歴史のなかで、大きな足跡を残した者として知られる。

大場の久八は、尾張の奥川畷《おくがわなわて》で清水次郎長一派に不意を襲われた八尾ケ嶽《やおがたけ》の久六《きゅうろく》（保下田《ほげた》の久六《きゅうろく》）の兄弟分で、伊豆でも第一の剛の者として知られていた。久六のために無念晴らしをしようと、安政六年（一八五九）一二月に大挙して駿河大宮に陣を構え、清水次郎長側を恐れさせたことがある。次郎長は、穏やかな事態ではないとの知らせを聞くと、子分の大政と八五郎の二人を連れて清水から大宮まで大急ぎで出向き、久八に面会を求めた。すると久八はけんもほろろに、

「用があるなら腕でこい」

とはねつけた。すると次郎長はあらためて大政一人を使者に立て、丁寧に自分の考えを久八に伝えさせたのである。その考えとは——、

「久六は力士時代に次郎長からかなりの世話になったはずである。その後、次郎長が尾張を旅した際のこと、急病に罹《かか》って困り果てていたところ、久六めはあまりにもむごたらしく恩を仇で返すような真似をした。これには次郎長も許してはおけず、その不義を責めて、斬り捨てたことがあった。久八がそれを悪いと考えるのであれば、腕でもドスでも相手をしてやろう」

というものであった。久八はそれを聞いて少しも尻込みせずに、

「話の筋はわかった。清水に恨みはない」

と答え、次郎長らを手厚くもてなした。それから双方ともに笑って、互いの本拠に帰っていった。

久八はよく義理をわきまえ、親分らしいさっぱりしたところがあった。勝蔵と久八がすぐに深

い仲となったのも、両人の性格に通じ合うものがあったからである。

また、赤鬼の金平というのは、伊勢の丹波屋伝兵衛《たんばやでんべえ》の身内であり、その獰猛《どうもう》さは赤鬼のあだ名がついたことからも知られる。森ノ石松が遠江《とおとうみ》中郡の吉兵衛というやくざと前記の久六の子分である布橋の兼吉らに斬られ、次郎長はその仕返しに吉兵衛を討ち果たした。それに対して金平は総勢数十名に鎧《よろい》と兜《かぶと》を着せ、古武士が戦場に赴くような恰好《かっこう》で清水へ攻めにいったことがある。次郎長はこれをひどく恨みに思い、金平を叩ッ斬ろうとした。このことを知った丹波屋は、みずから仲裁役を買って出て、文久二年（一八六二）一〇月、次郎長側と金平側の一同をはるばる遠江国菊川に呼び寄せて、和議の大会合を開催させた。

そのときに参列したのは、次のような顔ぶれであった。

赤鬼の金平側——黒駒勝蔵、源八の常吉、函根の二郎、吉良の番作、下田の安太郎など
清水次郎長側——江尻の熊五郎、大政の五郎、相撲の常吉、吉良の勘蔵、矢部の清吉、寺津の関三郎（間之助の代理）など
調停者側代表——大和田の友蔵、日坂《にっさか》の栄次郎など
刀監《かたなあずかり》（帯剣禁止査察）——橋本の政吉
会幹《きもいり》（会議の世話役）——丹波屋伝兵衛

ほかに来賓――国定の金五郎など二三名

この会合の結果、次郎長側と金平側との和解の手打ちが行われた。これが文久二年一〇月であるとすると、ちょうど勝蔵が上洛した前年にあたっているから、このころ、彼が金平側の首座となったのは当然である。この金平にしても、また前記の久八にしても、いずれも次郎長にとって強敵と見なされていた。勝蔵が伊豆方面に旅に出た際、こうした二大巨頭の顔役と固い関係を結び得たのは、伊豆方面一帯に彼の勢力が伸びていたことを示している。

勝蔵は、伊豆から甲斐へ戻ると、その足ですぐに甲斐の西部方面に遊んだ。南巨摩《こま》郡では身延《みのぶ》に勢力を築いていた津向《つむぎ》の文吉《ぶんきち》を脅かして隠れさせ、北巨摩郡では信濃との境の台ケ原まで縄張りを伸ばした。同地の顔役であった大五郎は喜んで勝蔵の身内となった。

この間に吃安《どもやす》も相当に暴れ回っていた。何度も文吉の身延の本陣を襲い、とくに鰍沢《かじかざわ》では血しぶきが上がるほどの大喧嘩《おおげんか》が繰り広げられた。この騒ぎが法令に反するとの口実を代官所に与え、まず吃安が捕縛されて伊豆七島の新島に追放されると、文吉の側も喧嘩両成敗ということで、同じく三宅島へ流された。

旅先で吃安の受難の知らせを聞いた勝蔵は大急ぎで黒駒に帰ったが、もうあとの祭りであった。

「畜生め、俺の留守を狙えやがったな」

勝蔵は歯ぎしりして悔しがったが、喜平次との約束もあったから、もう一度代官所を襲撃するのは思いとどまった。

吃安との同盟軍はとうとう石和《いさわ》代官によって切り崩され、勝蔵は孤立した。しかし、これは勝蔵がさらに飛躍するための一段階と見なすことができ、竹居《たけい》の吃安と津向の文吉とがいなくなった甲州では、勝蔵と祐天《ゆうてん》との闘争という次の段階に進んでいった。

吃安、新島から帰る

世間では、吃安《どもやす》が流されたのは八丈島との説が流れているが、これには少しも証拠らしいものがない。しかし、吃安が島抜けの際に殺した新島の前田吉兵衛の子孫が現在でも同島に多く住んでいることからすると、新島のほうが真実であると思う。前田吉兵衛は新島の島司《とうじ》であり、これは島の長官にあたる役職であった。なお、この前田家の伝承によると、吃安がどのように島抜けをしたのかがはっきりとわかるのである。

このときの島司前田吉兵衛とは、今から五代ほど前の人物である。吃安が新島に流されたのは嘉永二～三年（一八四九～五〇）のころで、当時は外国船がよく日本近海に現れるようになっていた。とりわけ伊豆七島は心配の対象となっていたので、幕府から海岸警備のために島司である前田氏に鉄砲を若干下げ渡し、いざという場合に備えさせていた。

当時、新島には多数の流刑者が島司の管理下に置かれており、吃安もその一人であった。彼が流罪となってから鉄砲下げ渡しのときまで、どのくらいの年月がたったかは不明であるが、たまたまこの平和な島に鉄砲が運び込まれたとの噂が立った。腹《はら》に一物《いちもつ》のある流刑者たちはむらむらと里心が湧き起こって、皆で吃安の許に集まり、ひそかに島抜けの相談をした。石和《いさわ》代官の悪人ぶりから幕府役人すべてを徹底的に嫌っていた吃安は、ちょうど島司に対しても憎しみの心を炎のように燃え上がらせていたときであった。このため、なんとしてもこの機会を逃すまいと意気込んでいたのである。

しかし、新島は離れ小島ということもあって、本土との交通が不便で、しかも島内には監視の目が光っていたため、容易に島抜けはできなかった。それなのに、どうして吃安以下数名の流刑者は、逃亡に成功したのであろうか。前田家の方々が語るところによると、次のような大騒動があったという。

夏の日の焼けつくような午後、島抜けの集団はそれぞれ竹槍《たけやり》を用意し、日暮れを待っていた。その晩は満月で昼のように明るかったので、島司前田吉兵衛は浴衣姿で縁側の板敷きに座り、うっとりと月見をしていた。すると、いつの間にか垣根の外側に人影の集団が忍び寄ってきた。島司が不審に思ってその方面を見据えていると、まぎれもなく流刑者のざわめきであることに気づき、

「こらッ、何用があってこれへ参ったッ」

と怒鳴ったときは、先頭をきった吃安がずかずかと走り寄り、竹槍を島司に突き付けながら呼びかけた。

「な、な、なんだ、幕府の犬侍めッ、鉄砲を俺たちに引き渡せ」

続いて数名がなにやらわめき立て、竹槍の先を島司の面前に向けた。島司は内心ではかなり動揺したものの、気を引き締めながらしらを切ってその要求を退けた。

「鉄砲なんぞ一挺でもあるものかッ」

吃安側はいきり立ち、

「言うな、老いぼれ」

「面倒だ、やっちめぇ」

と叫ぶ者さえあった。口より手の早い吃安はさっと飛び込み、竹槍を島司の横腹に突き立てた。島司は六〇歳の老人であり、そのまま倒れたと見るや、一同はどやどやと座敷に駆け上がった。家中の人びとが上へ下への大騒ぎをしているなかを、土蔵をはじめ部屋の隅々まで探したが、一挺の鉄砲も見つけることができなかった。そうこうしている最中に寺の早鐘が鳴りはじめ、「島抜けだッ」ということで、村中総出で島司の屋敷に駆け付けた。

吃安らは素早く裏口から逃げ出し、月光に照らされた波際《なみぎわ》をあてもなく歩いていると、ちょうど小船が海岸に繋《つな》がれているのを見つけた。そこに居合わせた喜平と忠七の二人の漁師をつかまえて無理やり小船に乗せた。沖に漕《こ》ぎ出させると、二人の漁師たちは隙《すき》を狙って海へ飛び込んで逃げ出した。二人のうち、喜平のほうはその途端に竹槍で突き殺されてしまい、忠七だけは海岸に泳ぎ着いて助かった。

一方、吃安ほか数名はやっと難を逃れたものの、小船の漕ぎ方を知っている者がなかった。それからというもの、風に任せて数日間、海上を流されているうちに、伊豆の子浦に漂着した。同地では、御船手組《おふなて》の警備が厳重であったが、吃安はなんの咎《とが》めも受けることはなかった。その夜のうちに沼津街道から籠坂《かごさか》・御坂《みさか》の二つの峠を越えて、故郷である竹居《たけい》の我が家にたどり着いたのであった。

右の記録を証拠立てるものに、左のような事実がある。

江戸幕府は生命を捨てて鉄砲を守った吉兵衛の功績を証して、感謝状、金銀の若干、ほかに五つ重ねの葵の紋付盃を前田家に下賜した。これらは現在でも前田家の家宝として伝わっているという。このことからしても吃安が流されたのは、新島であるのは確実であろう。

吃安が無事に帰ってくると、勝蔵との同盟関係が復活した。このため、石和《いさわ》代官および祐天《ゆうてん》らのような幕府派への衝撃は大きかった。これだけでも形勢は不穏であるのに、加えて吃安が島抜けの際に殺害した島司前田吉兵衛は、石和の内海代官の叔父であった。公私の両面から石和側と竹居・黒駒側との関係がますます悪化し、双方の衝突の危機はだんだんと迫っていったのである。

武藤神主と勤王党

甲州黒駒の郷社である檜峰《ひみね》神社の神主武藤家の本宅であった八反《はったん》屋敷は広い敷地で、代官所からの探索の心配もなかったので、吃安《どもやす》と勝蔵はこの屋敷の一隅《いちぐう》を借り、竹林の中に会合所を設けた。両者はそのときどきに顔を合わせては、石和《いさわ》代官側への対策を練っていたのである。

武藤家はかねて甲州でも有名な勤王家として知られていたが、今、その家系をたどると、おおよそ左のようなものとなる。

武藤家は昔から甲州黒駒村檜峰神社の神主であった。中興の祖が政連《まさつら》である。それから四代目の政国は後柏原天皇の永正年間（一五〇四～二一）に武田信虎公に仕え、のちに後奈良天皇の天《てん》文《ぶん》年間（一五三二～五五）には武田信玄公に仕えた武人であり、名門である真田・小幡両家と親戚であった。

その子である政氏も同じく武田信玄公に仕え、元亀三年（一五七二）に遠江《とおとうみ》の三方ヶ原の合戦で手柄を立てた。甥の小幡勘兵衛は山鹿流《やまがりゅう》軍学の権威といわれた軍学者で、その名声は高かった。

その後、天下の形勢が一変したので、政氏は天正一〇年（一五八二）に勘兵衛の一族を引き連れて徳川勢に所属した。そして黒駒合戦での戦功により、下黒駒において畑地一町と山林一町八反を賜った。武藤邸を「八反屋敷」と呼ぶのは、このことを由来としている。

政氏から九代目が武藤外記《むとうげき》（昌通《まさみち》）である。武藤家は昔から京の吉田家より神道の免許状を得ていたことから、一門の子弟は自然と勤王を志していた。なかでも武藤外記は早くから京に上り、憂国の志士たちと親交を結んでいたので、水戸の勤王浪士らも中山道を通って京と往復する途中、「八反屋敷」を訪問した者もいた。とくに筑波山挙兵の義挙を成し遂げた武田耕雲斎《たけだこううんさい》も外記と親交があったとされる。〝筑波山挙兵〟とは、元治元年（一八六四）に起きた天狗党の乱のことで、この事件に関する詳しい記録が実際に武藤家で秘蔵されている。武藤家と水戸浪士たちとのあいだには、表には出てこない裏のつながりがあったことがうかがわれる。また、外記は、黒駒地域において後進の者たちを勤王陣営に誘導することにも努めた。勝蔵や吃安にも目をかけ、彼らに勤王の意義を教え、最後までよく面倒をみた。そして外記自身、勤王運動中に死去したのである。

武藤家は勤王で有名であっただけではなく、社会事業家としての功績も少なくない。神主だった武藤藤太《とうた》は事業家としても優れた見識をもち、静岡県の岩淵《いわぶち》と蒲原《かんばら》のあいだに水運の路を設けたことでも有名である。この工事は明治六年（一八七三）九月にはじまり、数十万円（現在の約六六〇〇万〜一億円程度）の私財を工事費として支払った。世間ではこれを「蒲原新水道」と呼んだ。この「蒲原新水道」がなぜ必要とされたかというと、甲州では古くから塩を産出することができず、信玄公の時代でも駿河から塩が入ってこないときがあって、困ったことがあった。敵でありながら越後の上杉が塩を甲州に送ってくれたという話は誰もが知っている。のちの時代になると、駿河の岩淵から富士川を通って甲州へ塩が運び込まれた。もともと岩淵は塩の産地ではなく、運送にも不便であったので、塩の本場である蒲原から岩淵まで約四キロの水路を開いて、船を往来させた。そして岩淵から富士川を伝って塩が甲州に供給され、その需要は過不足なく満たされたのである。鉄道が開通してからは、この「蒲原新水道」は自然と廃止されてしまったが、武藤家の社会事業として永久に記念すべきものの一つであろう。

次に、武藤家が武田家からどれだけ重んじられていたのか、それがよくわかる話がある。それは武田勝頼公の妻となる女性が小田原の北条家から輿入《こしい》れしてきた際、その行列の一行はまず御坂峠《みさかとうげ》の本街道から黒駒に到着した。そして、武藤家の屋敷に入り、武田家との入念な打ち合わせを行った。それがすんでから、きらびやかな行列は甲府へと向かったという。このときに北条家から引き出物として、武藤家に鉢植えの小松が贈られた。これは今でも武藤家の家宝として伝えられ、その松の葉はいつまでも鮮やかな緑色である。

武藤家はなんといっても甲州第一の勤王家であり、そのなかでも外記・藤太の父子二人は際立って有名であった。そのため、幕末のころには、多数の勤王志士が武藤家の「八反屋敷」にごろごろしていた。それでは、武藤家にどのような人びとが集まっていたのかというと、それは勤王志士と勤王やくざであった。そのおもな人を二、三名ほど挙げると、左の面々である。

まず勤王志士について、その代表者といえるのは山県小太郎である。彼は九州岡藩の藩士で、文武両道に秀で、京にいた際に武藤神主と親交を結んだ。そのころは勤王志士に対する幕府の弾圧も厳しかったので、一時的に黒駒の「八反屋敷」に難を逃れていた。世の中が明治維新の実現に向けて動きはじめると、山県小太郎は黒駒勝蔵と申し合わせてひと足先に上洛し、そこで三条《さんじょう》実美《さねとみ》卿から深く信頼を得たと伝えられている。このことは慶応四年（一八六八）四月、武藤神主の京滞在中の『日記』に、

二十六日、大雨。山県小太郎・中川秀之助の両人が訪ねてきたところ、山県氏は三条殿にお供をして関東に向かい、中川氏は伏見で待機するとの話をそれぞれ聞いた。

と記されていることからもわかる。その後、会津攻撃に参加して立派な武功を上げ、会津側が降伏すると、慶応四年九月二二日（同年九月八日「明治」と改元）若松城の開城式にも参列した。

会津側からは松平容保《まつだいらかたもり》・喜徳《よしのり》父子とその他重臣たちが出席し、新政府軍側からは軍曹として山県小太郎、軍監中村半次郎（のちの桐野利秋）、御使番唯九十九《ゆいつくも》らが出席して、その大役を務めたのである。

徳富蘇峰《とくとみそほう》の『近世日本国民史』によると、この開城式について左の通り記されている。

軍監中村半次郎・軍曹山県小太郎・使番唯九十九が開城式に参列した。

やがて二公（松平容保・喜徳）は本丸を出て、重臣以下の面々が太鼓門にて見送った。……軍曹山県小太郎は馬より下り、進んで二公の駕籠に向かい、丁寧に目礼をしたところ、二公は駕籠より下りてこれに答礼し、「我等両人は病気のため、輿に乗ることを許して欲しい」と挨拶をした。これよって山県は再び馬に乗り、二公の先頭に立って……滝沢村妙国寺に入った。

九月二十四日午前十時、軍監中村半次郎・軍曹山県小太郎・使番唯九十九が若松城を受取った。云々

山県小太郎が黒駒から京に赴き、そこから会津攻撃に出向くまでの経路については、左のような記録がある。

明治元年（一八六八）六月十九日、岡藩士軍曹山県小太郎（通政《みちまさ》）を使者とし、土佐藩士島村左伝次と共に白河に派遣した。

達書（山県通政へ）

白河へ派遣するにあたり御使番とする。鷲尾隆聚《わしのおたかつむ》の配下とする。以上の通り命令する。

（『東海道戦記』）

なお、山県小太郎は薩摩藩の軍曹として従軍したものである。

右の命令を受けて、長らく黒駒の峡谷でくすぶっていた山県小太郎の得意ぶりが目に浮かぶ。彼が若松城の開城とその受取方の大役を務めたこと。黒駒勝蔵が四条隆謌《しじょうたかうた》卿の御親兵隊長に任命されたこと。この二つはいずれも武藤門下における勤王の大功績で、他に並ぶものはないほどのことと言われた。山県はかつて武藤神主の一息女を、久留米藩の真木和泉守の弟子である小河《おごう》弥右衛門《やうえもん》一敏《かずとし》の息子廉夫に嫁がせるに際して、媒酌人を務めたことがある。この点においても、彼が時の有力勤王家のあいだで信頼されていたことがうかがい知れる。

また武藤一門の勤王志士のなかには、「木彫りの名人」として知られた小澤一仙という異色の人物もいた。彼は雅楽之助《うたのすけ》を通称とし、伊豆国網代で生まれた。父子二人で甲府に出向いたことが縁となり、偶然にも武藤神主に職人としての能力を認められ、武藤家に滞在することとなった。

彼の名作は今でも黒駒近辺に若干、残っている。なかでも檜峯神社拝殿正面の欄間《らんま》に掲げられている「上り龍」の額は、その意匠といい、鑿《のみ》の跡の鮮やかさといい、名作中の名作とされる。

一方で、彼は事業活動家としての才能も豊かで、その将来も期待されていた。だが、たまたま勅使の高松実村《たかまつさねむら》が甲府に入った際にある行き違いが生じ、三九歳で斬罪に処せられた。そのときの辞世の和歌に、

大君に捧《ささ》げまつりしわが身なり
いつ果つるとも何か惜しまむ

とあるのも勤王志士としての本懐が表されている。

だが、武藤一門のなかでも花形といえるのは侠客たちであった。そのなかでも武藤神主とももっとも縁の近かったのが勝蔵で、さらに勝蔵の導きによって入門したのが竹居《たけい》の吃安である。

吃安は生まれつき勝気で短気であったため、血に飢えた殺人鬼のように言われたが、本来の性質は純真で一本筋の通った甲州男子であった。彼が若かったころ、誰かにいじめられたのが我慢ならず、家から刀を持ち出して、何も言わずにその相手を斬ったという話がある。この出来事をきっかけとし、侠客の仲間に入ったとも言われている。武藤神主から勤王の道の教えを受けてか

ら、石和の代官や幕府に味方するやくざに対する反感が吃安のなかで激しくなったのは、当然といえよう。

慶安（一六四八〜五二）の昔、由井正雪は勤王主義のために幕府打倒を企てたが失敗したために、一人の反逆児として歴史のなかに葬られてしまった。勝蔵と吃安の場合もそれとよく似ている。また同じ幕末における勤王志士として名の知られた者として、讃岐の侠客日柳燕石《くさなぎえんせき》がいる。彼は戊辰戦争の際、京のある方から召し出されて越後方面での戦いに参加し、その最中に病死した。ほかにも似たような話があったが、武藤神主が早いうちから侠客の指導に力を入れていたのは、たしかに先見の明があり、この点にも彼の優れた才覚が見受けられる。

さて、新島から帰った吃安は、勝蔵と一緒に「八反屋敷」によく出入りすることとなった。これまでの吃安・勝蔵の同盟軍に、さらに武藤神主という大物の知恵袋のような存在を加えたのだから、石和代官側からすれば勤王党の三角同盟のように見えたであろう。

石和代官は、どのようにこの大敵に対抗したであろうか。なかでも吃安に対しては自分の叔父にあたる新島の島司を殺された恨みがあった。一つには三角同盟の切り崩しのため、二つには肉親の仇を討つため、吃安に向かってどのような手を打ったであろうか。暗雲が竹居村を覆いはじめた。

運の尽きた吃安

誰がどこで操っていたのか、素性の知れない犬上軍次という一人の風来坊が影絵のように現れ、吃安《どもやす》の用心棒となった。

この男は下総《しもうさ》佐倉藩の浪人で剣客として秀でていたと、おもしろおかしく伝える作家もいるが、その真相はいまだ明らかではない。めったに人を近づけない吃安ともあろう者が、どうして浪人の剣客を身内に引き入れようとしたのか。まさに魔が差したというものであろう。それにつけても思い出されるのが、甲府代官の岡部市太夫のことである。

彼は以前にも吃安をあいだに立てて、勝蔵をなだめて内海代官と衝突しないよう和解させたことのある策士である。岡部と内海は甲府と石和《いさわ》の同じ代官同士であり、幕府役人としては仲間同士であった。そこで両代官で示し合わせ、岡部の計らいで、犬上のようないかがわしい人物を吃安の用心棒として住み込ませたのであろう。吃安は、岡部に対しては断れない義理があったため、油断して一杯食わされてしまったのかもしれない。つまり、

「島抜けの件もあるのだし、用心棒の一人くらいは置いておくがよい」

と、企みが気づかれないように、吃安を丸め込んでしまったのであろう。こうして危険きわまりない石和代官側の隠密である犬上軍次という人物が、まんまと吃安の懐に潜り込んでしまったのである。運が尽きたというべきか、吃安はどじを踏んでしまったのである。

したたかな犬上は、竹居《たけい》にやってくると、まめまめしく働いた。よく気が利くし、子分たちにも熱心に剣道を教えたので、吃安がすっかり彼を信用したのも当然であったが、そうなるまで三年はかかったとされる。犬上の辛抱強さにも驚くが、吃安もその間、犬上に隙をみせなかったのも大《たい》したものである。

勝蔵は、犬上の態度が気に入らなかったので、何度も追放するよう吃安に意見をした。だが、吃安はそれを聞き入れなかった。そしてついに、吃安が犬上に付け込まれるときがきたのである。すでに計画を練っていた犬上は、ある日、無理やり吃安に探りを入れた。

「ねぇ、親分。万一のときにァ俺だってお役に立ちますぜ」

「う、うん？　何が万一なんだぇ」

「どこからでも押し寄せてきましたらなァ」

「うッふふふふ、虫けらけえ、お前にァよい相手だろう」

「親分、本当の話なんですよ」

「そ、そ、それじゃよろしく頼もうぜ」

吃安の機嫌がよいとみた犬上は、もうこのあたりが潮時と見定め、決心をしたのであろう。途切れた話をまた続けた。

「親分、俺ァ碁が大好きでござんしてね」

「は、は、初耳だ、本当けえ」

「一つ、御指導を願ぇますよ」

「ち、ち、丁度よい、今日、一緒に来いや。俺ァと武藤先生の手合わせを見ろよ」

犬上はなにやら心の中でつぶやいた。

(しめた、もうしめたぞ……)

その日、吃安は犬上一人を連れて武藤神主の「八反屋敷《はったん》」へ出かけた。竹居村から黒駒村までは一本道で、「八反屋敷」の目の前あたりは五里原《ごりはら》と呼ばれている。現在は開墾されて下黒駒地内の墓地となっているが、そのころはこんもりとした竹藪《たけやぶ》が茂っていて、物さびしい人通りのない小道であった。この小道を通り過ぎたところが「八反屋敷」なのである。

待ちかねていた武藤神主と勝蔵は、吃安らを迎えて、さっそく囲碁をはじめた。それから、黒石と白石が入れ代わり立ち代わりぱちりぱちりと置かれ、夜の更けるまで何十回と勝負が繰り広げられた。どうしたことか、その日の晩に限っては、吃安はさんざんの敗北であったという。

囲碁が終わると、黒船の噂や京からの連絡など、しばらくは世間話に花を咲かせた。その後、吃安は竹居村へ、勝蔵は戸倉組《とくらぐみ》へ、東と西へ別れ別れになって帰った。

その夜は月もなく、雲が低く垂れ込めていた。吃安が「八反屋敷」の門を出て、やっと三六〜五四メートルほども歩き、そろそろ五里原の竹藪に差しかかろうとしたころ、犬上は急に足を速めて吃安に寄り添った。

「親分、俺ァこないだから、おもしろい柔術の手を工夫してみたんです」

「ど、ど、どんな工夫でえ」

「その、一度、人を押さえつけると、決して逃しっこない工夫なんですよ」

「そ、そりゃおもしれえなァ」

「相手がどんなに強くっても、逃がしませんよ」

「お、お、俺をやってみろ」

そのとき、すぐ前の竹藪の中には、待ち受けていた犬上の仲間たちの気配が手に取るように感じられた。犬上は「さァ、やるぞ」とうなずき、すぐに吃安の背後に回ってその両腕をぐいと抱き込み、じりじりと羽交い締めにした。

「な、な、な、なるほど、締まった。これじゃ誰でも逃げられめえよ」

「……」

「もう、えい。は、は、放せ放せ」

「……」

「こ、これッ、放せねえか」

犬上はさらに強く締めておいて、竹藪に隠れていた仲間たちに呼びかけた。

「しめたッ、皆《み》ンな出てこい」

すると、彼の声に応じて、十手を振りかざし、黒頭巾をかぶった捕《と》り方《かた》たちが十数名ほど、がさがさと竹藪を分けて駆け出してきた。それは吃安にとって夜目にも明らかであった。ここで初めて犬上の企みに気づいた吃安は、必死になってもがいた。

「ち、ち、畜生め、うぬッ、何をしやがるんだッ」

吃安がもがけばもがくほど、両腕はますます強く締め上げられた。そこで彼を捕まえようと隠れていた者が飛びかかってきたので、さすがに身のこなしが早く荒っぽい気性の吃安であっても、とうとう全身を縄でがんじがらめにされてしまった。そして闇の甲府街道を通って石和宿の代官所に引っ張られた。

さて、黒頭巾の者たちの正体は、代官所の岡《おか》っ引《びき》と祐天《ゆうてん》の子分どもであり、また、犬上軍次は祐天の手先で、いずれも内海代官の回し者だとわかった。

義のため仇を報ず

吃安《どもやす》が捕縛されたとの知らせが伝わると、戸《と》倉組《くらぐみ》の本陣はすさまじいほどの怒りで満ちあふれ、勝蔵・喜平次を中心に、一同で大会議が開かれた。

「犬上の野郎を叩ッ斬れ」

「祐天《ゆうてん》めをばらしちめえ」

「代官屋敷へ殴り込め」

子分たちは口々にこう言って息巻いた。喜平次は代官襲撃と聞くと気が気ではなかったが、勝蔵は意外にも冷静に構えていた。

「皆《み》ンな、早まるな。俺の肚《はら》は決まっているんだから、静かにしろよ」

となだめたが、血気盛んな子分たちはなかなか静まろうとはせず、

「代官は、百姓いじめの賄賂取りだ！　太《ふて》え野郎だ！　世間の敵だ」

とまくし立て、一刻も早く代官所を襲撃し、吃安の身が無事なうちに奪い返そうとせがんだ。これに対して勝蔵は、決して無理な話ではないとは思いつつ、どうしても同意できない理由があった。

「皆ンな、よく考えろ。俺たちは義理のために生きるんだから、祐天をばらすもよい、犬上を叩ッ斬るのも文句はねぇが、代官の闇討ちはやくざ同士の喧嘩《けんか》と一緒にァできねえぞ。代官が悪かろうとも、それを片づけたら、こちとらの生命もねえ。この大事な生命を捨てて、あの悪代官と無理心中みてえな真似ァ、黒駒勝蔵はいやなんだ。あッははは」

と笑った彼の顔つきには、これまでに見せたことのない壮大な気持ちが表れていた。子分たちが静かになったのを見計らうと、彼はまた話を続けた。

「まァ犬上を片づけたら、代官だって凹《へこ》むんだし、腰抜けやくざの祐天なんざァ、すくみ上がる

に決まってらぁ。俺はなァ、もッと大きなお務めを考えてるんだ。なにも代官が怖えわけじゃねェ。相手にしねえまでなんだ。どうだ、皆ンな。飲み込めねぇか」

このように言われると、子分たちはいっせいに目を輝かして身を乗り出した。

「合点だ、合点だ」

問題は犬上の行方であったが、このときにはもう詳しい情報がだんだんと勝蔵に伝わってきていた。

犬上は、吃安を石和《いさわ》の代官所に引き渡してから、勝沼《かつぬま》の祐天のところへ身を寄せたが、黒駒からの襲撃を恐れて、等々力《とどろき》の萬福寺へ逃げ込んだ（等々力は勝沼の隣村で、黒駒から八キロほど離れたところにある）。

吃安は、罪人用の駕籠《かご》で江戸送りとなったともいうが、実際は、一応の取り調べがすむと、毒を盛られ、はかない最期を遂げたという。

この知らせに、戸倉組はもう一度、破れかぶれの怒りをかき立てられた。

「畜生め、やりやがったな」

と、若者たちが総立ちになったとき、本陣ではすでに萬福寺襲撃の手配が整えられていた。

「そらッ、行くぞ」

勝蔵を先頭に、大岩・小岩をはじめ、国五郎、綱五郎以下の子分たち総勢一四、五名が勇み立って戸倉の台地を下りていったのは、夜も更けた午前二時ごろのことであった。

犬上は腕に覚えのある剣客であり、祐天の子分たちの助太刀もあることを考慮に入れて、勝蔵らは銘々に鎖帷子《くさりかたびら》などの防具で身を固め、揃《そろ》いの白鉢巻きに白だすきを掛け、刀のない者は竹槍《たけやり》一本を小脇に抱えて、皆ものものしい恰好《かっこう》であった。

一行が萬福寺の裏門に到着したときには、二番鶏《にばんどり》が鳴いていた。

死の谷のような夜明け前の闇の中を、扉を破れんばかりに叩き、その音を周囲に響きわたらせた。勝蔵は大声で呼びかけた。

「犬上軍次！　門を開けろ。野郎ッ、早く開けねえか」

犬上の隠れ家というのは、この裏門の内側にある別棟の建物であった。そこには祐天の子分たち数名が万一に備えて住み込んでいるはずなのに、ひっそりとしてなんの答えもなかった。

「面倒だッ、飛び越えろ」

まず勝蔵が体を素早く動かして、ひらりと土塀を飛び越えると、子分たち一同もそれに続いた。

どっと隠れ家に踏み込むと、とっさのことに驚いた祐天の子分たちが、ざわざわと先を争って逃げようとするところであった。

「犬上を逃がすなよ」

鋭い調子で勝蔵からの指令が闇の中に聞こえた。

「合点だ」

勝蔵勢は血眼になって隠れ家の室内を次々と探し回った。すると、猫に追われた鼠《ねずみ》のように、ひょろひょろと犬上は裏庭から逃れ出ようとしていた。ちょうどそのとき、勝蔵の巨体が現れた。夜も白々と明けようとしていて、蟻《あり》のはい出る隙間さえなかった。

「やい、三ぴん。吃安の恨みの一刀だッ、受けてみろ」

と言うなり、勝蔵は必殺の大刀を引っこ抜いて、犬上に立ち向かった。

犬上の顔色は死人のように青ざめ、逃げるに逃げられず、おずおずと刀を構えて、二、三度斬り合った。その瞬間、勝蔵が見事な一撃を犬上に与えた。その刃は朝風をさっと払い、犬上の脳天をまっすぐに斬りおろした。剣客と恐れられたほどのことはなく、「あッ」とひと声の悲鳴を上げて、崩れるようにどッと倒れた。

「呆気《あっけ》ねえ野郎だ、ざまァ見やがれ」

勝蔵は全身に無念さを込めてとどめを刺し、やすやすと犬上の首を挙げた。「わーッ」と叫んだ一同の勝鬨《かちどき》が、朝深い森の彼方に遠く響いた。

「さァ、引き揚げろ」

勝蔵の声が掛かると、犬上の生首を竹槍の先に突き刺した大岩が意気も盛んに先頭に立ち、それに続いて一向は朝焼けの道を竹居《たけい》村に向かって進んでいった。ここには、吃安の菩提所である楞厳寺《りょうごんじ》がある。義のために仇を奉じた勝蔵の当日の様子は、なんとなく赤穂義士の泉岳寺への引き揚げを連想させた。勝蔵とその配下の者が楞厳寺へ詣でたのも、血盟の兄貴分である吃安のために、仇の首を霊前に捧《ささ》げ、心からその冥福を祈るためであった。

やがて楞厳寺の鐘の音がこもるように響き渡ると、吃安親分の大供養が営まれるということから、村中の人びとが我も我もと寄り集まった。供養の式は型通りに行われ、香の煙がゆらゆらと立ち昇るなか、老僧の読経が終わると、勝蔵はおもむろに身を起こして御宝前の前に進み寄った。彼は焼香のあと、亡き人の御霊《みたま》に向かい、生きている人にものを言うかのように途切れ途切れに弔辞を述べた。

「兄貴、俺ア申し訳がねえ。あの晩（八反《はったん》屋敷の碁の会）虫が知らせたのに、どうして兄貴を一人で帰したか、これだけが残念で残念で仕方がねえ。今日、敵を討ったのは、せめてもの無念晴らしだ。成仏してくれろよなァ。石和の代官のだまし討ちにさえ掛からなけりゃあ、一緒に上洛ができようものを、ああ残念なことをしてしまった。兄貴、もう俺ア毛虫みてえな田舎侍なんぞ相手にしたくはねえ。これからはな……京へ上って……天朝さまへご奉公するより外《ほか》に……俺アこの世になんの望みもねぇ……俺アそうして死ぬ気なんだから……」

情がこみ上げ、勝蔵の声はむせび泣くように聞こえた。そこにいた村人たちは皆、顔を伏せて思わず涙を流したと伝えられている（古老の談話）。

吃安が死んでから

吃安《どもやす》が死んでからの勝蔵は、片方の翼をもがれた荒鷲のように力を落としていた。だが、そこから立ち直ると、彼はむしろ以前よりも華やかな無敵の大侠客となっていた。

勝蔵・吃安の両雄の兄弟分付き合いは一〇年ほどに過ぎなかったが、その間にめきめきと男をみがいた勝蔵は、実力の点では吃安よりも役者が一枚上になった。それは世間の評判も同じであった。吃安の無念晴らしに犬上軍次を叩ッ斬っても、彼の親分の祐天《ゆうてん》は黒駒に仕返しに出てこられないほどであった。こうなると勝蔵には大きな自信が湧いてきた。津向《つむぎ》の文吉《ぶんきち》は三宅島へ島流しにされ続けたため、吃安の縄張りはそのまま勝蔵のものになってしまった。このため、甲州では見渡す限り黒駒一家と肩を並べる者は一人もいなくなったのである。まだ三〇歳そこその一青年が、早くも甲州第一の大親分にのし上がった。

だが、勝蔵を大きくしたのは、なんといっても吃安であった。もしも吃安の後見がなければ、駆け出しの勝蔵が、広厳院《こうごんいん》で祐天の一党をとっちめることは難しかったかもしれない。また、石和《いさわ》代官が新前の勝蔵に遠慮をしたのも、吃安と同盟していたからである。それが今、上洛の大事を前にして、本来ならば同行していた吃安その人を失ってしまい、勝蔵の無念さは計り知れなかったであろう。

勝蔵は、その歎きのなかから立ち上がり、さらに飛躍しようとしていた。「毛虫みてえな田舎侍」を相手にするのは嫌になった、と吃安の霊前で訴えたことからも明らかな通り、犬上軍次を討って吃安の仇を晴らすと、もうそのときから新しい世界が勝蔵の目の前に展開しはじめたのである。時の流れを読む要領の良さがあり、彼は決して、ただの侠客ではなかった。

五、情義に生きた勝蔵

そのころの黒駒一家

甲州全域が黒駒一家の縄張りも同然となると、甲州の「勝蔵」から「天下の勝蔵」になるための準備で忙しくなった。これからのちの二〜三年間が勝蔵の上洛準備時代にあたる。

このころの勝蔵については数々の昔話が伝えられている。古老の思い出話を総合すると、甲州の「勝ちゃん」時代は素朴で怖いもの知らず、それでいて温和な側面もあったことが明らかである。彼は鬼神も恐れるほどの凄《すご》みがあったが、一方で赤ん坊にさえも親しみを感じてもらえるような柔らかみのある人間性であった。

つまり、知恵のある男であり、力のある男であり、また、情けにあふれる男でもあったので、それらを合わせて情義に生きる大親分勝蔵という人格が形成されたのである。

誰が言うともなく勝蔵が上洛するという噂が立つと、人びとは熱心に彼を話題にした。

「戸《と》倉組《くらぐみ》の勝ちゃん親分が上洛するんだとよ」

「偉えもんだ、甲州人の京一番乗りだからな」

「戸倉組はたまげた景気だ、お城のようだもの」

村の中では、こうした会話が繰り返され、勝ちゃん親分の評判が日に日に高くなっていった。戸倉組の本陣へは方々から慕い寄ってくる若者がだんだんと増え、一時期は粒よりの血盟の子分が三〇〇名、その又子分とされる者が二〇〇名、合わせて五〇〇名に上ると言われた。彼らのような強者《つわもの》たちが、勝蔵のためなら生命を捨てると誓ったのだから、黒駒一家の実力は素晴らしかった。

そのなかで、戸倉組の本陣に寝起きをしている者が常時、一〇〇名ほどはいた。これらの子分たちは、暇さえあれば勝蔵から剣道の稽古を受けていたので、剣術の腕が立つ者も多かった。村人たちはこの活況ぶりに驚いて、お城のようだと評判したのであろう。

当時、黒駒村は毎月一回ほど、石和《いさわ》の代官所から役人が派遣される御廻村《ごかいそん》が行われていた。御廻村とは、治安のために村々を巡回することである。いきなり御廻村を行って、腕っぷしの強い勝蔵の身内と衝突することを避けるために、役所から事前に御廻村のお触《ふれ》を出すのが常のことであった。勝蔵の本陣では、御廻村の時間がくると、〃そら、お出でなさる〃と気を利かせて、子分たち一同で神座山《じんざさん》山中の洞穴に隠れたのである。御廻村の際に役人たちがぞろぞろと村内を巡回しても、勝蔵の子分は一人も見当たらなかった。一方で、山中に潜んでいることも役人たちはあらかじめ承知の上のことであったので、山のほうにはわざと見向きもせずに、

「村内は無事平穏でござる。村内の政治はよく行き届いたものである。この分ならば、なにも心配はござらぬ」

と言って、引き揚げるのがいつものことであった。これというのも、代官役所こそが勝蔵の威力を恐れていたからである。おのずと幕府側の敵方やくざも黒駒側に喧嘩《けんか》を仕掛ける者はいなくなった。また、このことで村内に盗賊が出没する心配もなくなり、〃毎晩、戸締りをせずに寝ることができた〃と、現在でも村人のあいだで語り草になっている。世間ではやくざの集団といえば、その近所周辺から恐れられるのが普通であるのに、黒駒一家の場合はそれとは逆に、村人から感謝されていたのである。

勝蔵は旗揚げの当初から、運動の原則三箇条のなかに、「村人は俺たちの手で守る」と約束をしたが、このとき、その約束が果たされたのであり、ここにも義人としての勝蔵の信念が形となって表れている。

彼は少年のころから郷土愛が強かった。父から一生の勘当を受けた身であっても、ふるさと黒駒のために、村人を守ろうとするのは、まさに郷土愛の表れである。運動の原則を細やかに実現させたのであるから、自然と村人からの信頼も深まり、ほかに類例のないほどの人気を得たのである。

勝蔵親分としての人気が高まった最中に、上洛の噂が流れたのであるから、その人気はいちだんと高まり、有力な村人のなかには自分から進んで勝蔵の子分になることを申し出た者さえいた。その一例を挙げると、次のような実話がある。

金持ちの入門お断り

黒駒村新宿の富裕者に渡辺庄右衛門という青年酒造家がいた。彼は大の勝蔵びいきで、ますますその男らしい心意気に感銘を受け、家業を弟に譲り、自分は勝蔵の子分になる旨を申し入れた。

それを聞いた勝蔵は、意外にもはっきりと断った。渡辺青年から、重ねて承諾してほしい旨を頼み込まれると、勝蔵は次のように答えて青年を戒めた。

「侠客《きょうかく》は、見かけは派手な渡世でも、この道で男を立てるのは並大抵の苦労ではなく、だいいち命がけなのだから、体はいくつあっても足りねえものだ。こんな危え仕事は諦めて、地道な家業を守って行かっしゃい。ねぇ、若旦那、生命の入用がなくなったら、そのとき、やくざにおなりなせぇ。お頼みはそれまでお預かりしますでな」

このように道理をこんこんと説かれたので、渡辺青年もそのまま思いとどまったのである。この話を聞いた渡辺家一門の人びとは、手を合わせるようにして喜び合った。ほかの村人たちも立派な親分だと言って、誉めそやしたものと伝えられている。

これだけでも、自分の利益などには目もくれず、真剣に仁義ひと筋に歩んでいた勝蔵の誉の高さがうかがえる。

制裁はきわめて厳重

勝蔵の運動方針のなかで、もっとも厳しかったのが不正不義の者に対する制裁であった。これは村人へも容赦がなかったが、子分たちにはより厳しく、一種の軍隊の規律のようでさえあった。それというのも、多数の子分のなかには悪玉的な人物もたまに交じっていたことから、世間に対する申し訳のための非常手段であったと思われる。

勝蔵は責任感が強かったので、制裁を厳しくしたのは、みずからの行動を律するためにも必要との考えからであった。しかも誰よりも子分を可愛がった勝蔵にあっては、たとえ一人の子分であっても成敗をした場合には、いつも瞼《まぶた》に涙をたたえていた。

以下、勝蔵の性格を物語るいくつかの実話を挙げよう。勝蔵の行動からうかがい知れるのは、子分に対しては厳しく、一般の人びとに対しては別人のように寛大であったことである。

鬼角を成敗した話

甲州東山梨郡正徳寺《しょうとくじ》の多八というものの子分に、あだ名を鬼角《おにかく》といわれた無法者のやくざがいた。親分の多八も持て余すほどであったから、勝蔵の許に預けられた。

あるとき、勝蔵は駿河方面への旅に鬼角を供として連れていった。その途中で、一人の年寄の農民が腰を痛々しく曲げながら麦踏みをしているのを見かけた。勝蔵はなんとなく鬼角に向かって話しかけた。

「おい角、手前は乱暴な男だが、あんな老人にはいたわってやれるだろうな」

と言うと、鬼角は何を勘違いしたのか、急にその老人に近づくと、ぎらりを刀を抜いて彼の首を斬り落としてしまった。皺《しわ》くちゃの首はそのまま畑の畝の中を転がった。

「こらッ、角、何をするッ」

勝蔵はとっさに止めようとしたが、すでに遅かった。

(恐ろしい男だな、こいつア許すわけにはいかねぇ)

と、さすがの勝蔵も身震いをしながらつぶやいた。

黒駒へ帰ると、鬼角を成敗するための手筈《てはず》を整えた。そして、黒駒の藤ノ木村で、鬼角が入浴している最中に、子分たちがその急所を突き、彼の息の根を止めたという。

墓穴を掘らせた幸吉

黒駒の谷間に「幸吉《こうきち》の沢」と呼ばれるところがある。世間にはいろいろな説が伝わっているが、これも勝蔵が行いの悪かった幸吉という子分を成敗したことに由来する。

たまたまある百姓から、涙ながらに訴えがなされた。それは、幸吉がその百姓の女房を横取りしたので、取り戻してほしい、というものである。これを聞いた勝蔵は、「他人の女房を横取りするのは動物にも劣る人でなしだ」と言って、幸吉に対して極刑を言い渡した。

幸吉はどのように詫びても結局は許されなかった。勝蔵から命令を受けた二、三人の子分たちに付き添われて、金川《かねがわ》べりの谷間に連行された。その場で幸吉には一挺《いっちょう》の鍬《くわ》が渡され、一人分の大きな穴を掘らせた。そしてこの穴の前に彼を座らせ、最後の言葉を投げかけた。

「やい、幸吉ッ。手前は村人をはずかしめた大罪人だから、今その罰を受けるんだ。往生しろよ。この穴は手前を埋める墓なんだぞ」

幸吉が気絶せんばかりに驚いて手を合わせた瞬間に、彼の首はばっさりと穴の中に落ちていった。胴体も静かにその穴に葬って、土盛りをした。そして、すでに用意をしていた木製の墓碑を立てた。その面には「幸吉の墓」と書かれてあったという。

そのとき、勝蔵は子分たちに対して次のように語って聞かせた。

「幸吉には可哀想なことをした。俺もあいつを助けてぇのは山々であったが、それじゃァ世間さまにすまねぇんだ。幸吉一人ならまだよいが、黒駒一家の顔が汚れるから許されねぇんだぞ。わかったか。皆《み》ンなもよく気をつけろ。あいつが死んでくれたから俺の顔も立ったんだが、あいつの申し訳も立ったというもんだ。男の渡世は、ここが辛えんだから忘れるなよ……」

罪は罪、人は人、道理に基づいて悪を正した勝蔵であったが、一方で、子分の死に対しては惜しみなく涙を流し、男泣きをしたのであった。

舌を巻いた次郎長

文久二年（一八六二）の末ごろ、駿河国の興津《おきつ》において思いがけない事件が起きた。それは黒駒一家の身内である秀五郎・吉五郎・勇次郎・栄次郎・政吉など数名が、「以前からの賭場の星（貸金）を返してくれ」と、地元の元力士富士風盛之助《ふじかぜもりのすけ》という侠客の許へ押しかけた。そのことで不祥事が起きたのである。
そのとき、盛之助はあいにく病気をしていたので、「今は返せないから、しばらく猶予をくれ」と言った。それに対して秀五郎らは「ぜひとも返せ」と主張して口論となり、そのうち大騒ぎとなった。あげくの果てに、秀五郎らは盛之助の家財道具類を奪い去り、ひどい目に合わせたという。血の雨を降らせるような暴行事件ではなかったが、この話は付近に伝わってしまった。暴行を働いたやくざたちはどこの一家の子分なのか、との憶測が憶測を呼び、しまいには〝興津から清水港まではわずかの距離だから、この事件を起こしたのは清水一家の者に相違あるまい〟との噂が広まった。これを聞いては次郎長も黙ってはいられない。さっそく黒駒へ使者を派遣し、自身の覚悟を伝えた。そのときの手紙の要旨は左の通りである。

興津は自分が本拠としている清水港と目と鼻の先である。近ごろ、貴家の子分の秀五郎ら数名が興津の盛之助のところに押し入り、病中の同人に暴行を加えただけでなく、家財道具まで奪い去ってしまったという。しかも、それが清水一家の仕業と世間で噂に上っているのは、きわめて迷惑な話である。もし、今後も同じような事件が起きれば、そのまま許すわけにはいかないから、あらかじめ忠告をしておく次第である。云々勝蔵はこの手紙を見ると、まず秀五郎が黒駒一家の決まりに背いたことを責めた。そして彼の首を斬り落とし、子分たち一同に対して、規律を厳重にすることの理由を説き、そして戒めた。清水次郎長に対しては丁寧に返事の手紙を書いて、彼の好意に報いた。盛之助に対しては、詫び状に添えて、家財道具類のつぐないとして金一封を贈った。さらに、清水からの使者へ対しても ぬかりなく歓待し、痒《かゆ》いところに手が届くかのような入念な対応ぶりであった。その報告を聞いた次郎長は心から打ち解けて、

「なるほど、黒駒の親分だけのことはある。年も若ぇのに、よく行き届いたもんだ」

と言って、勝蔵の行為に対して大いに感心したという話であった。その後、文久三年(一八六三)にかけて、勝蔵と次郎長の間柄が不穏な状態となっていたにもかかわらず、両者のあいだには暗黙の了解が芽生えはじめた。それは、今回の事件が一つのきっかけとなったと思われるのである。

旅で人を救ったこと

あるとき、勝蔵は吃安《どもやす》安と一緒に伊豆の大場《だいば》の久八《きゅうはち》を訪問したことがある。その帰り道に、吃安が畑を耕していたお百姓に道を尋ねた。そのお百姓は吃安が編み笠をかぶったままで話しかけ

たことを咎《とが》め、ずけずけと吃安をたしなめた。

「人に道を尋ねるなら編み笠を取らッしゃい」

それを聞いた吃安はかんかんに怒り、ぶるぶると唇を震わせながら、

「う、う、うぬッ……」

と言ったかと思うと、今にも刀に手を掛けそうな気配であったので、勝蔵は驚いた。

「兄貴、まァまァ俺に任せなせぇ」

と、吃安をなだめてから、自分は編み笠を取り、丁寧にこのお百姓に話しかけた。

「おい、お百姓さん、俺らのほうが悪かった。この通り編み笠を取ったから、気を直して道を教えてくだせせえよ」

勝蔵にはこんな物柔らかさがあった。

「俺も悪うござんした」

お百姓も謝ると、吃安のとがった神経も鎮まり、あやうく人一人の生命も助かって、無事にその村を通り過ぎたのである。

余談であるが、吃安がやたらと人を斬りたがるようになったのは、彼の兄貴分である「人斬り」

長兵衛の悪い癖が伝染したからだ、といわれている。長兵衛は元旗本くずれの浪人で、富士山麓の吉田に住んでいた。剣道の達人でかなりの短気者であった。何かというと、ふた言目には人を斬る癖があったので、「人斬り」の評判が高かった。

勝蔵もときどきは身内の者を成敗したが、それは物事の理非を究明するために行ったことである。したがって、長兵衛の「人斬り」と同列に論じることはできない。涙もあれば、ぴりッと厳しいところもあり、その両方を兼ね備えていた勝蔵であればこそ、何百人もの荒くれの子分たちは彼の命令に従ったのであろう。

旅は道連れ、世は情け

勝蔵は数名の子分たちを連れて、三河の平井宿の親分であった雲風の亀吉の許に逗留《とうりゅう》していた。そのとき、大岩・小岩の両名が息せき切って近所の賭場から帰ってきた。

「親分、今日は文無し野郎の皮（着衣）をひンむいてやって、こんなに胸のすいたことァ滅多にござんせんよ」

と、両人は口を揃《そろ》えて、遠江《とおとうみ》の大和田の友蔵の子分から、唐桟《とうざん》のどてらを博打の借金のカタとしてはぎ取ってきた次第を誇らしげに語った。

それを聞いた勝蔵は、カッとなって両人を叱った。

「馬鹿者めッ」

勝蔵の声はいつになく大きかった。

「手前たちア、どうして情けということを知らねえんだ。旅先で困るのは誰だって同じことだ。大和田の身内にしろ、清水の衆にしろ、時によったら何処《どこ》かの馬の骨にしろ、困った者を助けてやるのが仁義の道だぞ。旅は道連れ、世は情けというではねぇか。それを裸にひンむいて、気持ちがよいたァ何ごとだ。そのどてらに三両（現在の一八万円程度）付けて、早く行って返してこい。勝負は勝負、人情は人情だ。手前たちにァ涙がねえのかよ」

骨身にしみる訓戒の厳しさである。さすがに勝蔵は、大侠客と呼ばれるだけの風格が備わっていた。皮をひんむかれた男の許に古どてらが戻されたとき、しかも三両が添えられていたとき、彼の喜びはどれほどであったことか。

「黒駒の親分は、何《なん》ぼう情深《なさけ》ぇのか」

と言って、ありがたがったという。この話はたちまち世間の評判となった。次郎長の耳にも入り、勝蔵の仁義の厚さにほとほと感心したものだ、ということである。

これは文久三年（一八六三）の初夏のころであり、この前年の「盛之助事件」とともに、次郎長の勝蔵に対する気持ちの変化に、大きな影響を与えた出来事とされている。

名刀〝虎徹〟は俺の魂

勝蔵が名刀〝虎徹《こてつ》〟をいつどこで入手したのかは不明だが、「これは俺の魂だ」と言って、大切にしていた。これほどまで大事な名刀を、彼はある日、子分たちと世間話をしていた際に、ついおもしろがって「この刀を欲しい者にはくれてもよい」と言いはじめた。


「おい、皆《み》ンな。誰かこの虎徹を欲しい者はいねぇかなア」

「えっ、親分。そりゃア本当でござんすか」

「うん、本当だとも。きっとくれてやるぞ」

一同はきょとんとして顔を見合わせた。

「親分の魂をなんで俺らにおくんなさりますか？」

「欲しそうだから、誰かにやろうというんだ」

「ご冗談でしょう」

「さァ、本当は本当だが、注文が一つある」

「ほうら、ね、危ねえ、危ねえ」

「なにも危なかねぇぞ」

勝蔵は笑いながらその注文について説明をした。

「今夜からこの刀を俺の寝床の下に隠しておくから、俺が眠っているあいだに、そうッと取ればそれでよいんだ。どうだ、危なかあるめえ。取りてぇ者は取ってみろ。誰にでもやるからな」

子分たちは初めて眼を輝かした。

「それなら、間違えッこねえ」

「きッと俺が取ってみせやすぞ」

「いや、なんだか薄気味悪いなァ」

「俺たちにァ、駄目の皮でござんすよ」

考えはまちまちであったが、なにも危ない橋を渡るのではない。取れなくてもともとであったので、子分たちはその晩から親分勝蔵が寝静まったかをうかがった。そして、名刀の取りっこがはじまった。

子分たちは知恵を絞り、順々に勝蔵の寝床に忍び込んだ。だが、驚いたことに、子分たちがいつ忍び寄っても、勝蔵はぱっちりと目を開き、にやにやと笑っていた。寝てから間もなく入っても、真夜中の午前二時であっても、夜明け前の熟睡のころであっても、誰かが近づけば、どんなに静かに忍び寄っても勝蔵は必ず目を開いて笑った。

これと同じようなことが幾晩も続いたが、勝蔵の目ざとさには少しも変わりがなかった。

「皆ンな、どうだ、俺の魂〝虎徹〟はいらねえのか」

「親分は夜どおし寝ねえんでござんすか」

「いや、ぐっすり寝ているがな」

「もう降参しやした」

「下手《へた》な奴らだな。あッははははは」

と、勝蔵は朗らかに笑った。


その昔、剣豪柳生又十郎が日光の山奥で武者修行に励んでいた折、師匠から三年間、夜となく昼となくわずかの間も寝かされず、剣術の稽古前に、まずは眠らない稽古に全力を挙げていたという。勝蔵もいつかどこかで、同じような修業をしていたのであろう。

名刀〝虎徹〟を自分の魂として、寝ても覚めても放さなかったところに、彼のふだんからの心がけはこのようなものであった、と納得することができる。

財布はいつでも空

勝蔵は生まれつき金銭に対する欲がなく、親分となってからも自分の財布はいつも空であったという。日頃から武士らしく生きることを望んでいたため、その仕草などもやくざらしくはなかった。どこの会合に出かけても、一度も堅苦しい仁義を切ったことはなかった。〝仁義を切る〟とは侠客風の挨拶の仕方であるが、勝蔵は武士のようにひと言「許せ」と言って、その巨体を座敷の中に運んでいったとか。勝蔵の風体は甲州武士のようであったので、商人から博徒の親分になったような者とは、元より反りが合わなかったであろう。

中山広厳院《こうごんいん》の縁日に賭場が開かれると、勝蔵はぞろりとした粋な恰好《かっこう》で雪駄《せった》を履き、気軽な感じで戸倉組《とくらぐみ》からぶらぶらと出かけた。いつも一応はその場に顔出しをするものの、稼ぎの勘定には興味をもたず、何もかも子分に任せきりにしていた。自身はぶらりと境内の広場に行き、あちらこちらとそぞろに歩くのが習慣であった。

そのときには銭の束の五、六本ほどを懐にねじ込み、

「おうい、おうい。子どもら集まれ」

と、無邪気に呼び立てた。さしずめ「のんきな父さん」が現れたという雰囲気である。物売りの店々に集まっていた子どもたちも勝蔵の声を聞いて、わいわいと駆け寄ってきた。彼は子どもたちへ三、四文を手の平にのせて、

「そらやるぞ」

「手を出しな」

「さァお前も」

などと、うれしがる子どもたちを相手に、勝蔵自身も楽しんでいたものである。

「おじちゃん、これで何、買うんだい？」

「なんでも好きなものを買いなせぇ」

「買ったら、どうするのよう？」

「早くお家に帰るんだぞ」


子どもたちが大喜びで家に帰っていくと、勝蔵はさもうれしそうに、いつまでもいつまでもそれを眺めていたという。縁日のときはいつもであったから、子どもたちも勝蔵のことを覚え、その姿を見ると、何十人となく「おじちゃん、おじちゃん」と寄ってきた。勝蔵を取り巻く騒ぎは、なんとのどかであったことか。彼の純真な気持ちの一面が、ここにもよく表れている。

このように彼は金銭に無欲であったとしても、何百人もの子分を抱えていて、どうして無欲ですますことができたのであろうか。それは黒駒一家の大所帯を一手に引き受けた長者喜平次の隠れた力によるものであった。黒駒身内の「心得」に、

「黒駒身内はさもしい稼ぎをしてはならない事」

という厳しい「掟」があった。それが可能であったのも財力に余裕があったからであり、親分の勝蔵として、少しもこの方面に関する心配はなかったことを物語っている。

この余裕があったからこそ、彼はさもしい稼ぎのために血の雨を降らせるような喧嘩《けんか》をする必要がなく、ひたすら黒駒一家の勢力拡大に専念することができたのである。やがて天朝さまへのご奉公のため、勤王やくざとして真っ先に京に上るという念願が、こうした状況のなかで培われていった。

六、問題の人、石原先生

見慣れぬお武家さま

勝蔵の甥にあたる長助という老人が、数年前に亡くなった。この老人が一四、五歳のころ、勝蔵の許で養われていたので、そのときの戸倉組《とくらぐみ》の様子を詳しく知っていた。

これはその実話であるから、確実な文献資料と同等の価値がある（以下、長助の談話）。

なんでも文久二年（一八六二）の夏、陰暦六月の末ごろだったと思いますよ。ものすごく暑い日の夕暮れに、俺は戸倉組本陣の玄関の上り口で、蚊を追い払うために煙をいぶしていました。すると、見慣れない三人連れのお武家さまがやってきて、ひと言、

「許せ」

と言って、玄関に入ってこられました。俺は子どもも心にもこわごわとこの武士たちの様子や身なりを見ました。なかでも一番偉そうな一人の武士は、年齢は三五、六歳、身長は約一八〇センチもあったでしょうか。じろりと俺を見たときの目は、研ぎ澄ました包丁のようにぎらぎらと光っていましたよ。頬がこけて無精ひげをぼうぼうと生やし、身なりは質素でしたが、気品のある感じで、なんとなく自然と頭を下げてしまいたくなるような雰囲気でした。残りの二人は中背で、年齢は三〇前後ぐらい、いかめしい顔つきをした浪士風でした。

すると、一番、背の高いのが、

「親分はお出でかな？　身共《みども》は石原と申す者、外に供の者が二名、京から参った。お取り成しをよしなに」

「へえッ」

と、俺は答えたが、やくざ衆の挨拶とは違うものだったから、ほかにはなんとも言わずに勝蔵叔父のところへ行き、〝これこれのお客が来ました〟と申し伝えました。ちょうど叔父と喜平次さんとは何かの話の最中でしたが、しばらく腕を組んで考えてから、

「京からと申したなら、お武家だな」

と言って、何を思い出したか、

「喜平次さん、珍客珍客、京からのお使いの者に違えござんせんぞ」

と、大変なはしゃぎようでした。

それからお武家さんたちの足を洗ってさしあげるやら、お風呂にご案内するやらで、そのうちに日も暮れていきました。座敷の支度もすんでいたので、石原先生と二人のお武家を上座に、叔父と喜平次さんが左右に分かれて座り、水入らずの酒宴がはじまりました。ずいぶん夜が更けるまでお話がにぎわっていたっけな。

もう古い古い昔のことだから、よく覚えてはいないんだが、それからいろいろと聞いた話を合わせると、次のような経緯がありました。

中山忠光卿の使者

この三人連れのお客は、京の薩摩藩の屋敷から来られた方々で、中山忠光《なかやまただみつ》さまからのお使いの者とのことでした。そのなかの石原という方は、水戸藩浪士ということで、名前を信之《しんの》助《すけ》とも幾之進《いくのしん》とも申しておりました。あとでわかったことですが、実は土佐藩のご出身で、そこのご家老さまを殺してきた罪人でした。本名は那須の何とかということでした。あとの二人は鹿児島の浪士で、一人は沖田三之丞、あとの一人は柳瀬友衛とか申していました。

勝蔵叔父は、このお客さまを大切にしてさしあげて、とくに石原というお方は〝お客分だ〟と言って、〝先生、先生〟と持ち上げていました。沖田・柳瀬のお二人に対しては、叔父と親分子分のような関係を結び、このお二人が方々へ連絡を取り合って、京と行き来をしていたようです。それからというもの、戸倉組《とくらぐみ》もかなり騒がしくなっていきました。

そうでござんすね、このお客さまの御用向きですが、中山さまという京の偉いお方からのお話では、叔父に京へ出てきてほしいということでした。叔父も以前から〝ぜひとも京に上りたい〟と、寝言のように言い続けていましたので、〝それならさっそく、京に出かけよう〟となり、話は決まりました。そして〝大勢の子分たちを連れてきてほしい〟と言われ、それにはお金がたくさんかかるから、とりあえず金一〇〇両（現在の六〇〇万円程度）が石原先生から叔父に渡されたということです。それに朝廷のご用であるから、立派な錦の小旗のようなものも頂戴しました。これには叔父も〝俺みてぇな者がお上のご用に立つとは、なんてありがたいことだろう。人間として生まれて、こんなうれしい思いはほかにあるめぇ〟と言って、ぼろぼろと涙をこぼしていました。

そうしているうちに、何がどうなったのか、よくわかりませんが、石原先生は京のほうでご用ができたということで、涼しい風が吹き渡る九月の初めごろに、黒駒から出発しました。

右の談話からすると、石原幾之進という変名を用いた一人の武士が、文久二年の夏六月末ごろに黒駒を訪れて、勝蔵の本陣に滞在したこと、同年秋九月の初めごろに京に戻ったということ、この二点については疑いの余地がないであろう。

石原幾之進との変名を用いた人物に接したことがあるという長助老人は、石原は土佐で有力者を殺害した罪人であったこと、その本名は那須某であったこと、などの点をはっきりと覚えていた。以上から判断すると、次のように結論づけられるのである。それは、黒駒渓谷のこの純朴な老人の談話には、否定することのできない真実性が多分に宿っているということである。

このころの京では、勤王の実現のために同士たちを集結させようと、各地へ使者を派遣していたという事実がある。石原幾之進なる一人の武家が甲州を訪れたのも、それと同じ目的であったと考えられる。

そこで問題となるのは、石原幾之進という謎の一武士の正体についてである。そのころ、土佐の武士のあいだで、那須を名字とし、誰か有名な人物を殺害して脱走した者であり、その後、石原幾之進との変名を用いて京に隠れ、勤王党に加盟して、日本のために尽力した人物が存在するのか？　これらに当てはまる人物がわかれば、〝謎の一武士の正体〟は自然と解けるのである。

私は長年にわたる歴史研究から、この謎の石原幾之進の正体こそ、故田中光顕《たなかみつあき》伯爵の叔父にあたり、土佐藩の勤王武士の一人で本名を那須信吾《なすしんご》と称する者であることが大体において立証された。では、この那須信吾とは、はたしてどのような人物であろうか。

勤王武士、那須信吾

土佐藩の勤王武士那須《なす》信吾《しんご》が、同藩の参政《さんせい》であった吉田《よしだ》東洋《とうよう》（通称、元吉《もときち》）を斬ったのは、文久二年（一八六二）四月八日、釈尊誕生会《しゃくそんたんじょうえ》の夜のことであった。〝参政〟とは土佐藩の上級家臣のこと。また、〝釈尊誕生会〟は釈迦の誕生を祝う仏教行事である。

吉田は土佐藩でも第一の実力者で、藩主の山内容堂《やまうちようどう》も臣下の彼を「先生」と呼んだほどであったが、その主張は完全に幕府側に凝り固まっていた。少しも勤王の大義を理解しようとせず、〝勤王党が討幕を主張するのは、浮浪人が世間を騒がしているに過ぎない〟と罵《ののし》り、勤王の志士を臆面もなくならず者扱いをしたほどであった。吉田の仕打ちに怒った勤王党の総帥武市《たけち》半平太《はんぺいた》とその一味は、

「まず吉田を倒せ」

といきり立ち、同志旗揚げの血祭りに上げるため、吉田暗殺の計画を立てたのである。この計画の中心の一人であり、また実行者であったのが那須信吾である。

那須は旧姓を浜田とし、土佐藩家老深尾和泉守の家臣である浜田《はまだ》宅左衛門《たくざえもん》の三男として生まれた。身長が一八〇センチほどもあり、見上げるような体格の立派さで、力もあり剣術にも秀でた

人物であった。土佐藩郷士である那須俊平に見込まれて彼の養子となり、それからは那須信吾と名乗った。那須の兄に浜田金治がいて、その一子である辰弥《たつや》がのちの田中光顕《たなかみつあき》伯爵であるから、那須と田中伯爵は叔父・甥の間柄である。

さて、文久二年四月八日の夜、吉田が城内の御殿《ごてん》において藩主の山内容堂に、『日本外史』を講義し、それもいよいよ終わったので、山内公から褒美《ほうび》として酒を賜った。吉田はほろ酔い機嫌で帰宅の途につき、従者に提灯《ちょうちん》を持たせた。折から小雨のぱらつくなか、傘をさして小声で詩を口ずさみながら、高知城下帯屋町の屋敷に近づいてきた。そうしたところ、物陰に身を潜めていた那須が、忍び足で吉田の背後に近づき、襲いかかった。

「お国のためだ、吉田覚悟ッ！」

鋭い声とともに斬りつけたが、傘が邪魔をしたため、その傷は浅かった。

「何奴《なにやつ》ッ、狼藉者《ろうぜきもの》め」

吉田が傘を捨てて振り返り、素早く刀を抜いて身構えた。その途端、豪勇の士である那須が二の太刀を打ち込み、闇をかすめながら吉田の首から肩の辺りにかけて斬り下ろした。

「うーん、無念」

と、吉田がうめいた。かろうじて立ち直り、二、三回にわたって斬り合ったが、那須の太刀さばきが見事であったため、とうとう吉田は暗がりの泥道の中に斬り倒された。
那須は吉田の首をかっ切ると、それを持ち合わせた布に包んだ。血がぽたぽたと滴り落ちる包みをぶら下げながら、人目を避けて裏道を通り、同志たちの待ち合わせ場所である四半橋の観音堂に駆けつけた。
吉田の首を見ると、同志たちは小躍りして喜んだ。

「那須ッ、でかした、でかした」

那須はその場で旅支度を整え、同行者である安岡嘉助・大石団蔵の二人とともに、同志らとの別れを惜しみながら、暗闇の中の高知城に心を残しつつ、どこへともなく落ち延びていった。
吉田の首は高知城下の西街道、雁切河原《がんきりかわら》の高札場《こうさつば》の近くにさらされた。〝高札場〟とは法令などが記された木札を掲示する場所で、そのそばに斬首の理由が記された札があった。その意味はおおよそ左のようなものであったという。

吉田元吉は藩の重役という身でありながら、藩政を乱し、庶民を苦しめ、賄賂《わいろ》をむさぼり、奢《おご》りふけっていた。これでは藩が滅亡するはじまりとなるおそれがあったことから、上は藩

のことを思い、下は万民を救うため、このように首を斬り、さらすことにしたのである。（要旨）

脱走した那須信吾は、世間をはばかって石原幾之進《いしはらいくのしん》という変名を用いた。この幾之進とは、養父側の祖父の名前をそのまま用いたものである。このとき、彼の年齢は三四歳で、これが天下の浪士である石原幾之進が世に登場した初めなのである。

石原らの一行は、いったん下関まで行ったが、そこから引き返して和泉の堺へ、さらに住吉・大坂を経て京に入り、長州藩の久坂玄瑞《くさかげんずい》の許に身を寄せた。だが、土佐藩からの追跡が急であったため、今度は薩摩藩の海江田武次《かいえだたけじ》（信義《のぶよし》）方へ引き取られた。これが五月一六日のことで、海江田が間もなく帰国することになったのに伴い、同藩の藤井良節の世話を受けた。その後、藤井の仲介により、京の東洞院錦小路《ひがしのとういんにしきこうじ》にあった薩摩屋敷にかくまわれることになった。

こうして石原以下の三名は、四月八日の夜に高知を脱走してから一か月余りを過ぎて、やっと安全地帯に身を落ち着けることができたのである。やがて在京の同志たちとも連絡がつくようになり、勤王側と幕府側の両派が大衝突するような勢いとなると、那須らは薩摩屋敷内にじっとしていられなくなった。このときの様子を故田中光顕伯爵の『維新風雲回顧録』では、左のように述べている。

同志との往来がひんぱんになると、手をこまねいてはいられない。夜になると、叔父（石原幾之進、すなわち那須信吾）をはじめ二人の者（安岡嘉助、大石団蔵）も頭巾をかぶって薩摩藩屋敷を抜け出した。門限が午後一〇時であったので、それまでに屋敷に戻れば問題はなかった。

夜にまぎれて頭巾をかぶり、危険を冒して同志を尋ね回った様子がありありと浮かんでくる。このころに同志のあいだで計画が進んだようで、六月から九月にかけての三か月間は、石原幾之進はどこに姿を消したのか、その詳細は不明であった。叔父・甥の間柄である故田中光顕伯爵でさえ調べきれなかったほどのことであったが、偶然にもこの謎を解いてくれたのが、前記の長助老人の思い出話なのである。

いろいろと話を総合すると、文久二年の六月末ごろに突然、黒駒に現れた石原幾之進の正体こそ、那須信吾その人であったことに間違いないと思う。なお、石原は同年一〇月七日付けで、京から郷里にいた養父の那須俊平の許へ、細かく当時の様子を認めた手紙を送っている。それを見ると、風も涼しい九月ごろにはすでに彼は黒駒から京に引き返したことになり、先の長助老人の話ともぴったり合うのである。

翌文久三年（一八六三）になると、勤王党の活動も進展した。同年八月中旬に、中山忠光《なかやまただみつ》卿を中心として「天誅組《てんちゅうぐみ》」による大和国十津川での挙兵事件があった。石原を名乗った那須信吾もこれに参加し、潔く戦死を遂げ、勤王の先駆けとなった。勝蔵もまた、それとほぼ同じ文久三年の秋に京に上ったことからすると、那須信吾と勝蔵との関係がいよいよ明らかになるものと考える。

大和十津川の義挙

勤王武士の炎のように燃え上がる決意は、文久三年（一八六三）八月一五日、中山忠光《なかやまただみつ》卿を総帥とする天誅組《てんちゅうぐみ》の挙兵という形をとって爆発した。この挙兵の中心となったのは、吉村寅太郎、那《な》須《す》信吾《しんご》をはじめとする土佐藩の浪士一七名であった。那須もこのときは石原幾之進《いしはらいくのしん》という覆面をかなぐり捨て、光栄ある最後のご奉公のために、本名を名乗って参加したのである。

そもそも天誅組が結成されるきっかけとは、どのようなものであったか。

文久三年三月に、将軍徳川家茂《いえもち》が京に上り、孝明天皇に対して、攘夷の実行を同年五月一〇日とする旨を申し上げた。

ところが幕府は、五月一〇日を過ぎてから一か月たっても攘夷を実行する気配がなく、薩摩藩の武士がイギリス人を斬り殺した生麦事件の賠償金をも支払い、ずるずると外国との交通貿易も許してしまった。

幕府はもう足腰が立たないほどに弱っているとみた長州藩は、五月に下関においてイギリス・

アメリカ・フランス・オランダの軍艦を砲撃し、薩摩藩も七月にイギリス軍艦と戦争をした。筑後の真木和泉守や長州藩の桂小五郎の主導により、江戸幕府を倒すことをめざす〝天皇のご親征〟が朝廷の会議の議題に上がった。三条実美《さんじょうさねとみ》卿をはじめとした公家たちもそれに賛成し、孝明天皇もそれを受け入れられた。いよいよ同年八月一三日に大和国の神武天皇陵などに行幸《ぎょうこう》することとなった。〝行幸〟とは天皇が外出することで、その際に攘夷の祈願をしながら幕府を倒すための会議を開く予定となった。これが孝明天皇のご意志であった。

いよいよ勤王党総動員のときがやってきたのである。

ご親征を決断された以上は、天皇の軍の先頭として、まず大和国全体を占領し、謹んで天皇の行幸をお迎えしよう、というのが天誅組結成の第一の目的であった。那須信吾から八月一四日付けで、国元の養父である那須俊平に送った手紙に、

このたび天下の有志を募り、義兵を挙げて、徳川家の譜代であり勤王を志さない大名を討ち取り、天皇の軍の先頭に立つことにしました。云々

とあり、その最後に一首の和歌が認められていた。

君が為めおしからぬ身をながらえて
いまこの時にあふぞうれしき

「天下の有志を募り、義兵を挙げ」とあるのをみると、那須が甲州黒駒に勝蔵を訪ねたその真の理由も、ご親征に備えるための用意であったことは、十に一つの間違いもないことである。また、この和歌にも、きっぱりとした決意の意気込みが表れている。

中山忠光卿をはじめとした天誅組の一行は、翌八月一五日に大坂常安橋《じょうあんばし》の坂田屋に集合した。一同の武装姿はいかめしいもので、そこから二艘《そう》の小船に分乗して安治川口を下った。月が明るく照らすなかを、船は流れに乗って進んでいく。乗船した者たちはもとどりを切った。〝もとどり〟とは髪を頭上で束ねた部分で、それを切ることにより、決死の覚悟を誓い合い、それぞれの士気を高めた。

堺から河内の狭山へ、それから三日市を過ぎて、川上村の観心寺に入った。この寺は楠木氏の菩提所で、御村上天皇の陵墓と楠木正成公の首塚があり、勤王党にとってはゆかりの深い聖地である。

さらに、河内・大和の国境あたりまで本陣を進めた。そこは大和国宇智《うち》郡で、近くに五条町がある。ここは幕府領で、そのときの代官は鈴木源内であった。

一七日に代官所を攻撃して、鈴木代官以下、元締、手附《てつき》、手代、用人らを血祭りに上げ、翌一八日に彼らの首を町はずれにさらした。ここまでは順調であったが、当日は意外にも京で政変が起こっていた。反幕府側の公家三条実美《さんじょうさねとみ》、東久世通禧《ひがしくぜみちとみ》、四条隆謌《しじょうたかうた》、錦小路頼徳《にしきこうじよりのり》、三条西季知《さんじょうにしすえとも》、沢宣嘉《さわのぶよし》、壬生《みぶ》基修《もとおさ》の七卿が、長州藩の許へ落ち延びた。この事件ですべてが大きく変化し、孝明天皇の大和行幸も取りやめとなった。

天誅組は二階に上って梯子《はしご》をはずされたような状態となってしまったため、それに対応するための会議を開いたところ、

「勤王の大儀のために、すでに一死を誓ったからには、倒れるまで戦い抜こう」

ということに決定した。本陣を十津川に進め、そこで一〇〇〇名の農民兵を募り、それから一か月にわたって死に物狂いで激戦を繰り広げた。だが、相手の紀州・彦根・藤堂・郡山などの諸藩は大軍であり、天誅組側は少数の農民兵だけであったから、形勢は日増しに不利となり、ついに敗北のときを迎えた。

九月二一日の夜、河内から大坂へと退却することが決定し、鷲家口《わしかぐち》に向かうと、そこには彦根の軍勢が待ち受けていた。天誅組側は松明《たいまつ》を手に行列を組んでいたため、彼らの周囲の空は明るくなっていた。それを狙って方々から銃撃が加わり、天誅組は自軍が何重にも包囲されていることを悟った。しかも負傷者は続出し、無傷の者はわずか四〇人程度に過ぎなかった。それでも彼

らは、行列を親衛・後衛の二隊に分け、その陣形を少しも乱さず、いっせいに敵の中心を目がけて突撃した。

中山忠光卿みずからが刀を振るって先頭に立つと、親衛隊長の那須信吾は、

「それッ、忠光卿が危ない」

と、およそ一八〇センチもある大きな体を闇の中で踊らせ、使い慣れた槍《やり》をびゅうびゅう動かして、まずは敵将の大館孫右衛門を討ち取った。こうした彼の戦いぶりは素晴らしく、無我夢中で猛攻撃を加えた。だが、物陰からの敵の銃撃により胸を覆っていた鎧《よろい》を撃ち抜かれ、那須はばったりと前に伏した。それでもさすがに並はずれて雄々しい人物として知られた彼のことである。倒れても一度は立ち上がり、

「朝敵を逃すな」

と大声で叫んだのであったが、銃撃であまりにも傷つけられたため、その後は声を出すことができず、それが彼の最期となったという。これこそご親征の先頭を切ると誓った那須の尊い姿であ

る。時に文久三年九月二四日の夜のことで、享年三五歳であった。

このほか、強く勇ましかった吉村寅太郎をはじめ、天誅組の面々は戦死し、忠光卿の代わりに大坂に戻った者はわずか数名であった。実に痛ましい犠牲であったが、この事件がきっかけとなり、勤王の動きが全国的に燃え広がったのであるから、その歴史的な意義は永遠に輝いている。

那須信吾はその行くべき道を行き、死を迎えた。それは後継者として立ち上がるように導かれた黒駒勝蔵の運命を予告していたかのように思えるのである。

田中光顕伯爵の談話

先年、私（本書の著者　堀内良平）は勤王侠客《きんのうきょうかく》であった黒駒勝蔵の事績を伝記としてまとめたい、と思い立ち、それを故松田《まつだ》竹嶼《ちくしょ》氏に依頼した。その際、同氏は勝蔵の生まれ故郷であった甲州黒駒に赴き、存命の古老たちから話を聞き出していた。そのなかに勝蔵の甥である長助という一人の人物がいて、彼はまさに生き証文というべき人物であった。この老人の話により、今までまったく世間には知られていなかった歴史的人物である石原幾之進《いしはらいくのしん》の話が出てきたのである。これは勝蔵の伝記を研究するうえで、初めてひと筋の光明が差したというべき事柄であった。

この石原幾之進という一人の武士が黒駒を訪れたという事実は、松田氏が著した黒駒勝蔵の伝記（『都新聞』紙上連載）で初めて発表された。すると、従来は靄《もや》の中に隠れていた勝蔵の実像が、鮮明に描き出されたとして、各方面から大きな反響を呼んだのである。

その記事を読んで、いたく感慨を覚えた人物の一人に故田中光顕《たなかみつあき》伯爵がいた。同伯は秘書の沢《さわ》本孟虎《もともうこ》氏を筆者である松田竹嶼氏の許に遣わし、〝ぜひ、一度、面会をしてほしい〟旨を申し込んだ。それに対し、松田氏からは、

「黒駒勝蔵の伝記執筆にあたっては、堀内良平氏から依頼を受けて行ったものである。したがって、勝蔵のことについては、この分野の権威である堀内氏にお尋ねになるのがよろしかろう」

との返答がなされた。そこで、田中伯は私との面会も希望するようになり、大正一五年(一九二六)一月一〇日に私は松田氏を同道して田中伯の許に向かった。秘書の沢本氏が案内役となり、静岡県蒲原《かんばら》に暮らしていた田中伯の家を訪問したのである。

同伯の喜びようは非常に大きかった。

「石原幾之進というのは、土佐藩藩士である那須信吾《なすしんご》の変名で、実は私の叔父なのですよ」

同伯は口を開くや、すぐにこう述べたのである。私も最初はただそれだけのことと思っていた。

無論、かねてよりの課題であった「石原先生」と勝蔵との関係が明らかとなるのはうれしかった。

だが、だんだんと同伯の思い出話をうかがううち、意外極まる縁の不思議さに、しだいに感動を覚えたのである。

それから一時間ほど、しんみりとしながら同伯の話は続いた。

文久二年（一八六二）六月ごろから、京の薩摩屋敷にかくまわれている叔父の所在が不明となってしまいました。これはてっきり殺されたのではないか、それなら最期の様子がわかりそうなものだが、なんの音沙汰もない。どうしたことかと諦めていました。すると、その年の秋、つまり一〇月七日に、突然、京にいた叔父の信吾から国許の養父俊平の許に、自身の動静を詳しく記した長い手紙が届きました。これで丈夫に過ごしていることがわかり、ほッと安心をしました。ですが、文久二年の六月から秋のころまで、どこに行ってしまったのか、当時はずいぶんと手を尽くして行方を調べていました。ですが、一向にその足取りがつかめず、ついこのあいだに至るまで、判明しませんでした。それが、黒駒の勤王侠客《きんのうきょうかく》黒駒勝蔵の許へ出向いていたことを新聞で知り、私は〝はッ〟と思い、久しぶりに叔父に会えたような気がしましたよ。

それから同伯は、那須の首の所在がなかなかわからなかったという話をし、当時をまざまざと思い出すかのように、痛ましい表情をたたえて語り続けた。

叔父が大和鷲家口《わしかぐち》の戦場で討ち死にをしたとき、その生首は函に納められて京都町奉行であった永井主水正《ながいもんどのしょう》の許に送られました。遺骸は村人たちの手によって宝泉寺の近くの明寺谷《あけじだに》の山上に埋められた、と前々から聞き及んでいました。さて、生首はどうなってしまったものか、と日々心配していたところ、慶応四年（一八六八）五月に役所から、〝京の悲田院仕置場《ひでんいんしおきば》の竹藪《たけやぶ》に、首甕《くびがめ》に入れて葬られている〟との通知文が届きました。俺《わし》は大急ぎでそこに行くと、なるほど、仕置場の裏には竹藪があって、あたり一面に白骨が散らばっていました。なんだかいやな臭いがして薄気味悪く、身の毛がよだつかのようでした。よく見ると、その竹藪の中には何枚もの瓦が伏せて置かれていました。その裏をひっくり返すと、一枚一枚に何の某と名前が朱字で記されていました。そのなかに、「那須信吾」と明記されたものを見つけ出しました。その瓦の下の土を掘ると、そこに甕が埋まっていました。甕の中には小さな木の札があり、そこに姓名が記されていました。〝さては〟と思い、甕を掘り出すと、その中は白土と食塩がぎっしり詰まっていました。その中をほじくり返し、もとどりが出てくると、急いで首を取り出し、水でよく洗い清めました。なんと、死後六年もたつというのに、その顔は少しも変わらず、ただ血の気がないというだけで、今にも話しはじめるように見えました。思わず俺は、その首の前に頭を下げ、しばらく涙を流しておりましたよ。叔父とその同志たちが強く望んでいた通り、ありがたい維新の世《よ》を迎えました。現在までの歴史を見届けることもなく、このような姿になり果ててしまったと思うと、感慨深いものがあります。

十津川で壮絶な最期を遂げた那須信吾を叔父とした同伯にとって、その思い出はいかばかりであろう、と察せられた。話題をもう一度、黒駒勝蔵との関係に戻すと、同伯は晴れ晴れと明るい表情を浮かべた。

叔父はひと足先に黒駒から京に上り、勝蔵は用意が整ってから叔父の跡を追って京に行ったのは間違いないでしょう。それがもし、十津川の挙兵に間に合っていれば、叔父はどんなに喜んでいたでしょうか。俺もそう思うと、残念です。それはそうと、勝蔵がめでたく四条卿の御親兵隊長となって京を立ち、真っすぐに東海道を下ったのが慶応四年五月でした。俺が叔父の首甕を京の悲田院の竹藪で掘り出したのも、ちょうど同じころでしたなァ。そのときには勝蔵のほうこそ、叔父が丈夫でいてほしいと思ったことでしょう。世の中の出来事というものは、なかなかうまくいかないものですよ。

同伯は最後に、両人の追善供養について熱心に語った。

この事実は、維新前の勤王に関する美談として世間へ広めたい、と思う。だから、追善供養のつもりで、「那須信吾と黒駒勝蔵」の関係を狂言に仕組み、歌舞伎座あたりで上演させてみようじゃないか。

と、ここまで力を入れて語った。私もそれには同感の思いであったが、同伯が他界され、さらに松田氏もすでに故人となってしまったので、せっかくの考えが中止となってしまったのは、とにかく残念でならない。

田中光顕伯と勝蔵――沢本孟虎による談話

故田中伯爵の秘書であった沢本氏は、同伯爵の勝蔵に対する考えを左の通り語った。

（一）

たしか大正一四年（一九二五）の暮れのころであったと思います。『都新聞』に黒駒勝蔵を主題とした小説が連載され、僕もそれをおもしろく読んでいました。そのなかに石原幾之進《いしはらいくのしん》と名乗る土佐の浪人が甲州を訪れ、たまたま勝蔵に出会い、兄弟の関係を取り結んだという描写が出てきました。そこで、

「これは初耳である。石原幾之進という人物は天下に二人もいないであろう。まさしく田中光顕《たなかみつあき》伯爵の叔父である那須信吾《なすしんご》のことに相違あるまい。那須が京を離れて関東を旅したという話は聞

いたことがない。妙な話もあるものだ」

と思い、さっそく田中伯にこの件を話すと、

「俺も叔父が甲州へ行ったことは聞いたことがない。だが、新聞にこうした話が掲載された以上、なにか根拠があるに違いない。なので、この筆者を訪問して、詳しい話を尋ねてくれ」

とのことでした。それから間もなく、鎌倉名月谷に住んでいた新聞小説の筆者松田《まつだ》竹嶼《ちくしょ》氏を訪問すると、

「あれは自分が甲州に行って聞き出した実話です。詳しいことは、黒駒出身の堀内良平氏から聞いてほしい」

とのことでしたので、続けて堀内氏を訪問しました。その結果、翌年の正月早々に、堀内・松田の両氏とともに、東海道の蒲原《かんばら》に田中伯を訪問し、この不思議な話に花を咲かせたのでした。そのとき、田中伯から「なお、よく事実を調べてほしい」との話がありました。

その結果、那須が文久二年（一八六二）四月八日、吉田元吉《もときち》を斬って土佐を脱走し、翌三年八月一四日に京を立って大和十津川へ出陣するあいだに、彼は故郷に手紙を五回出したことがわかりました。


二年一〇月七日付け（故郷の父、すなわち田中伯の祖父あて）

三年正月一九日付け（田中伯父子あて）
同年三月一一日付け（養父那須俊平あて、加茂行幸の様子を知らせたもの）
同年四月　八　日付け（田中伯あて、吉田元吉を斬ってから一周年目を思い出させるもの）
同年八月一四日付け（養父あて、大和十津川出陣の日）

（二）

右に紹介した手紙から、文久三年はずっと京に滞在したことがわかりますが、文久二年の六月ごろから九月までのあいだはどうしていたのか、不明です。もし、関東へ旅に出たというのであれば、その間ということになります。もっとその日程について詳しく述べると、那須ら三人の浪士たちは、四月一一日に松山に着き、一五日に三田尻に上陸、一七日に下関に行き、そこから船で二七日に兵庫に到着、堺・住吉・大坂などを経て京に入ったのは三〇日でした。そこで久坂玄瑞《くさかげんずい》らの世話になり、長州藩の邸宅にかくまわれました。

ところが、山内容堂《やまうちようどう》の側近の家臣であり、土佐藩にとっては総理大臣の格にあたる吉田東洋《よしだとうよう》を暗殺した犯人が彼らだということで、その探索は非常に厳しいものでした。さらに京の土佐藩邸の役人から長州藩の邸宅に対して、三人の犯人を引き渡すよう要求されました。このことを知った久坂らは心配して薩摩藩の海江田信義らに相談し、五月一六日の夜、三人は薩摩藩の邸宅に引き取られました。

こうして文久二年五月一六日以降、とりわけ六月から九月の末まで、那須はどこでどうしていたのか、その間の消息が不明でした。もし、那須らがこのまま京に滞在していたのであれば、納得できないことがあります。それは前記の一〇月七日付けの那須の手紙に、四月八日夜の吉田東洋暗殺の件について、初めて国許に詳しく知らせたことです。この出来事を知らせるのであれば、六月でも七月でも八月でも、外出しないで薩摩藩の邸宅に閉じこもっていたときですから、いつでも手紙を書く時間と余裕はあったはずです。ようやく一〇月になって初めて国許へ手紙を送ったということから考えると、六月から七・八月にかけて、那須は京にいなかったのではないか、ということになります。

ちなみに、こうした伝承が残されています。土佐藩の重臣である吉田元吉（東洋）がお釈迦さまの誕生日の晩に殺されたということは、当時、土佐では大変な評判でした。「吉田元吉首がない」というような「ないものづくし」の歌が庶民のあいだで流行したほどでした。

（三）

那須ら三人は、薩摩藩の邸宅にかくまわれましたが、相変わらず土佐藩の探索が厳しく、京の町ではうっかり外出もできませんでした。さりとて毎日、薩摩藩の邸宅に閉じこもっているのも退屈ですから、探索が一段落を迎えるのを待つため、また、関東の情勢を探るために、東海道の大道を避けて、木曽街道から甲州路に向かったものと思われます。薩摩藩の邸宅でかくまわれているあいだに、相棒の一人である大石団蔵は、奈良原繁と親しくなりました。同人とともに薩摩に赴き、奈良原の親戚の養子となり、明治維新後は外国に行き、無事に晩年を過ごしました。

那須が甲州に向かったこととちょうど辻褄《つじつま》が合うのが、勝蔵の甥である長助老人の昔話です。彼の話によると、石原幾之進が黒駒を訪れたのは文久二年の六月末で、それから九月に京に帰った、とのことです。これらの事実を考え合わせると、石原幾之進が文久二年六月末ごろに甲州に足を踏み入れたのは、あり得る話と考えられます。まして、石原幾之進という甲州とは縁もゆかりもない人物の名前が、長助老人に印象深く記憶されていたことからしても、彼の昔話は真実であると判断するほかはありません。その後、このことを田中伯に話をすると、

それなら叔父の那須信吾が石原幾之進と名を変えて、甲州へ行ったというのは事実なのであろう。元々、叔父は人並み以上に足腰が強く、剣道にも秀でていたので、武者修行のつもりで旅行をする気になったのだと思う。だから、はるばる中山道を東に向けて下ったのであろう。君（沢本氏）の言う通り、四月八日の夜に吉田元吉を斬ったときの状況を早く知らせてもよさそうなものである。それを一〇月になって初めて手紙が届けられたことからすると、

叔父が六月ごろから九月にかけて、京にいなかったことがわかる。

とのことで、これまでの考えの正しさを保証していただきました。

故田中伯は、維新の際に生命の危険と隣り合わせの状況を経験してきただけに、実の叔父にあたる那須信吾に対する思いは身にしみるほどでした。故田中伯の言葉にもありました通り、那須信吾と黒駒勝蔵との関係を題材として、一つの『勤王美談』とした芝居を創り、それにふさわしい規模の劇場で上演したらどうかと、お考えになっていました。いずれにせよ、勝蔵に関する歴史、なかでも那須信吾との関係がだんだんと明らかになってきたのは、うれしいことです。

七、大侠は大侠を知る

幻の天竜川出陣

文久二年（一八六二）は、勝蔵にとってすべての状況が大きく変わった年であった。京から石《いし》原幾之進《はらいくののしん》が使者として黒駒を訪れると、いよいよ京に上る勝蔵の決心は固まった。戸倉組《とくらぐみ》の本陣では、その準備に大忙しであった。年が改まって同三年になると、京の情勢は危険をはらみ、勤王側と幕府側との抗争がいよいよ激しくなり、ついに十津川挙兵の大事件となって爆発したことは、前記の通りである。それに刺激されて、勝蔵上洛の日が近づいてくると、彼と次郎長とのあいだで、この年の春ごろから摩擦が起きるようになった。

摩擦といっても、それは世間で大げさに騒がれるほどのことではなかった。具体的には同年五月の遠江《とおとうみ》天竜川で幻の対陣があったこと、また、同年六月三日の三河国平井宿で起きた事件であ

勝蔵と次郎長の対立

る。後者は、平井宿において博徒の親分、雲風の亀吉の許に勝蔵が滞在していた際、清水次郎長の一味が殴り込んできたというものである。この二つの事件以外は、摩擦というほどのことはなかった。

何を根拠としているのであろうか、勝蔵と次郎長とは、ひんぱんに喧嘩《けんか》をしていた敵同士のように言いはやされているが、実際に両者のあいだで少しでも接触があったのは、この文久三年のみなのである。この二つの事件にしても、天竜川の対陣については、次郎長側がなにか幻を追いかけたようなもので、ある種の喜劇のようであり、奇妙なことに相手のいない喧嘩であったのである。ただ、平井宿の事件は、次郎長側の大勢から不意打ちをかけられたために、勝蔵側の子分数名が血の雨を降らす結果となってしまったに過ぎない。

そもそも幻の天竜川事件がなぜ、起きたのであろうか。それは、勝蔵の勢力が日々強大になっていくのを恐れた甲州の代官所側が、黒駒身内に起きた些細《ささい》な問題を口実として彼を捕縛しようとして起こした、政治的事件の巻き添えに過ぎないのである。もう一つには、勝蔵が京の勤王党と連絡し合っているのを察知して起こした、代官所側の弾圧事件とさえいわれている。

いずれにせよ、勝蔵捕縛のための魔の手が伸びたのは間違いなかった。甲州の地元では捕らえるのが難しいと考えた代官所側では、勝蔵が京に上るために遠江《とおとうみ》方面に出かける機会を狙った。文久三年正月中に、遠江の中泉の代官所に彼の捕縛を依頼したのである。すると、中泉の代官所は遠江見附宿の親分である大和田の友蔵を呼び出し、勝蔵の捕縛を命令した。友蔵はもともと勝蔵と親しい間柄であり、その勢力からしても彼に敵わないことを自覚していた。とはいえ、代官所の命令に背くわけにはいかず、びくびくしながら友蔵は子分たちを集め、まず足元から守りを固めることとした。

右の事情を知った勝蔵は黙ってはいられなかった。五月一〇日には、子分の大岩・小岩・綱五郎・定五郎ら数名で、大和田の友蔵へ夜討ちをかけ、彼の不誠実ぶりをさんざんに懲らしめた。こうなると、友蔵もいたたまれず、兄貴分の清水次郎長に救いを求めたのが、天竜川事件の発端である。

何百人もの黒駒勢が今にも押し寄せてくる、との幻に脅えた友蔵からの手紙があまりにも大げさに思われたのであろう。清水次郎長は最初からその内容を信じていなかった。

「黒駒がそんなこけおどしをするものけえ」

友蔵の使者が誇張した話をすると、血の気の多い清水次郎長の若者たちは一々うなずくのであったが、次郎長はなかなか動き出そうとはしなかった。

「俺ァ黒駒になんの恨みもねえからな」

と吐き出すように言ったが、これこそが彼の真意であったのであろう。これに対し、友蔵の使者は火が付いたように救援を促した。このとき、次郎長の弱みを巧みに指摘した一人の子分がいた。

「親分、中泉の旦那にすみますめえよ」

次郎長は、中泉の代官所と面倒を起こすのを嫌っていた。

「うん、よしッ、早く支度をしろ」

と、即決した。彼の命令の下、見附宿に向けて急行することになったが、次郎長の本心はわからない。

出発と決まると、わき目もふらずに支度した。大政・小政・仙右衛門ら粒よりの子分二四名と、ほかに伊豆国から石屋の重蔵が一六人の子分を連れて合流し、文久三年五月一五日に清水を立った。翌一六日に見附宿に到着し、その夜も更けるころに、天竜川の東側にかがり火をたいて勢いを上げていた友蔵の本陣に加わった。

天竜川の対岸にある子安ノ森には、黒駒勢一〇〇名が手ぐすね引いて陣を敷いているはずであった。夜どおし酒盛りをして気勢を上げ、夜も明けようとするころに、次郎長・友蔵の連合軍がいっせいに敵陣に斬り込みをかけようとした。それは『平家物語』に描写された宇治川の先陣争いを思わせた。すると、不思議なことに、黒駒勢は幻のように消えていて跡形もなかった。対岸には勝蔵らしい男の姿は見えず、次郎長は相手のいない喧嘩をしていたのである。

この夜の光景が世間ではなんと伝えられていたのかというと、天田愚庵の著『東海遊侠伝《とうかいゆうきょうでん》』には、

昼は天地を震わすかのように鉄砲の音が鳴り響き、夜はかがり火が川を明るく照らしだしていた。古くから伝わる大合戦のような有り様である。このような規模の戦いは、私は川中島合戦の話しか知らない。云々

などと、景気よくあおり立てるかのような描写である。しかも黒駒勢は八〇〜一〇〇人程度、一方の清水勢と大和田勢の連合軍は合わせて一七〇人程度と誇張されたうえ、黒駒勢は清水勢の到着を知って、夜明け前にどこかに逃げてしまったと書かれているのである。実際は、黒駒勢は逃

げたのではなく、初めから出陣していなかったのである。勝蔵は京に上る準備のため、大岩・小岩ら数名の子分を引き連れて、目立たないように旅をしていたに過ぎなかった。それを友蔵一派が大げさに言い触らしたまでのことなのである。

勝蔵は面倒を避けて、その前夜には合羽を羽織り、旅姿となって足取りも軽く、三河の平井宿をめざした。そこには兄弟分の雲風の亀吉が待っていた。

平井宿、殴り込みの真相

「してやられたか、あッははははは」

勝蔵の影を見失った次郎長は、天竜川の陣中でその太った腹をゆすりながら、意味ありげに笑った。

勝蔵が平井宿に向かったのを知ると、次郎長はその跡を追うようにして、三河の寺津宿にたどり着き、子分の間之助《まのすけ》の許に身を寄せた。

次郎長は友蔵ら味方の勢力の到着を待ち、文久三年（一八六三）六月五日から勝蔵捕縛の手配をした。

「俺ァ黒駒になんの恨みもねえんだが」

と、日頃から発言していた次郎長も、中泉代官の手先である友蔵とは兄弟分の義理があり、また、中泉代官のご機嫌も損ねたくなかった。こうした点からすると、次郎長は幕府側を支持していたようにみえる。だが一方で、平井宿の殴り込み事件の経緯をみると、純粋な勤王主義者である勝蔵に対し、最後まで敵意がなかったことは明らかである。問題は複雑怪奇を極める。

その日の朝は、夏の青空が晴れ渡って清々しいほどであった。そのとき、勝蔵は宿の二階の一室にいた。そこの主人である雲風の亀吉と向き合い、愛刀〝虎徹《こてつ》〟の鑑賞に没頭していた。

鞘《さや》から刀をさっと払うと、その刃の光には風格が宿っていた。勝蔵は、手入れのための打ち粉を刀に振りかけては拭い去り、まじまじと見つめながら言った。

「なんともよいねぇ、なァ、この刃文《はもん》はよう」

それを聞いた雲風は、すぐに話題を血みどろの世界に引き戻した。

「兄弟、今度は一体どこでそれを引ッこ抜く気なんでぇ」

勝蔵の頬《ほお》のあたりに、会心の笑みが浮かんだ。

「そうさなァ、やくざ相手じゃあ、もう抜かねえぞ」

「すると、上洛してからか」

「そのことだ、俺ァ早く京に上りたくてなァ」

と、勝蔵は思い入れも深く、雲風ににじり寄った。

「ねぇ兄貴、俺のこの首は天朝さまへ差し上げる大事な大事な首なんだ。まかり間違えても、やくざの親分なんぞにゃァ渡さねえからな」

「そうだとも、黒駒の。一日も早く京に上ってくだせえよ」

「兄貴も一緒になァ」

「俺も行くぞッ」

それから日課のようにしていた囲碁をしはじめた。そのときであった。大岩・小岩の両名が息せき切って二階へ駆け上がってきた。

「親分、親分、気をつけなせぇましよ。町方がなんだか騒々しうござんすから」

「そうか、ひと荒れくるかもしれねえぞ。皆《み》ンな、支度しろよ」

数日前から、三河の御油《ごゆ》の玉一《たまいち》という親分が、勝蔵と次郎長とを和解させようと骨を折っていた。だが、和解すべき本当の相手は次郎長ではなく、中泉の代官と大和田の友蔵であるのだから、話がまとまらないのは当然であった。勝蔵が予想した通り、〝ひと荒れ〟はすでに目前に迫っていた。

清水・大和田の両勢力はこの日、朝早く寺津の宿を立ち、午前一〇時頃には平井宿に到着し、雲風方の隙を狙った。次郎長をはじめ、大政、小政、仁吉、斧吉、土呂熊、鳥羽熊ら、それに友蔵とその子分を加えて総勢三四名であった。一方、勝蔵側は大岩・小岩のほか、わずか数名に過ぎなかった。

「外が騒々しいぞ」

真っ先に聞き耳を立てたのは勝蔵であった。彼は二階の手すりから背伸びをして、手をかざしながら外を見た。すると次郎長側は、宿のすぐそばまで砂ぼこりを立てて迫っていたのである。彼らは大声を上げて宿の中庭に入ってくると、先頭の一人がかん高く呼び立てた。

「勝蔵、神妙にしろ」

それを聞くと、勝蔵はカッとなって刀の柄に手を掛けた。

（なんでぇ、岡っ引きの真似をしやがって）

勝蔵は体を震わせながら次郎長側をにらみつけた。その顔つきのもの凄《すご》さに、雲風は飛びつくように勝蔵を押さえてなだめた。

「おい兄弟、大事な体でねぇか。早く早く、支度だッ」

軒下の敵は大騒ぎで、一気に二階に駆け上がろうとしていた。雲風の機転で、手早く梯子《はしご》が取り外された。さすがに次郎長もそれを見ると、梯子の代わりに畳を積み重ねはじめた。実をいえば、二階に飛び上がる方法は、ほかにもいろいろあったであろう。しかし次郎長は一刻を争うこのときに、なぜ、ぐずぐずと手間をかけて畳を積み重ねるという真似をしたのであろうか。ここに第一の疑問がある。そのため、危機一髪と思われたその瞬間に、勝蔵は草鞋《わらじ》を履き、雲風と一緒にどこかに身を隠すことができたのである。

次郎長以下の清水勢・大和田勢が畳の台からどやどやと二階に乱入したとき、黒駒身内の大岩・小岩ら数名が、勝蔵の身代わりとなって立ちふさがった。〝うぬッ〟〝野郎ッ〟〝畜生ッ〟と、互いに罵り合いながら刀を切り結び、それはいつ終わるともわからないほどに続いた。だが、多勢に無勢では敵うはずもなく、大岩・小岩・二郎吉以下の六名は、その場で斬り死にを遂げたのである。

それを見届けた次郎長は、思い出したように大声で叫んだ。

「黒駒を見つけ出せ」

次郎長ともあろうものが、いつまでも勝蔵が宿の中でまごまごしているような人物ではないことを知らないはずがない。ここに第二の疑問がある。だが、彼の子分たちには、その裏を読む「勘の鋭さ」がなかったのであろう。

「合点だ」

と、大政・小政が先頭に立って、血眼になって部屋という部屋を探しはじめた。それでも勝蔵の姿は影さえ見えなかった。かくて、だいぶ時間がたったころに、次郎長から号令が下された。

「まだ遠くはあるめえッ、それッ追い討ちだッ」

次郎長が先頭に立ち、子分たちはそれに続いて、勝蔵の逃げ道をふさごうとした。間もなく追いついて、すぐ目の前を勝蔵と雲風が落ち延びていくのを見つけた。すると、なぜか、次郎長の態度ががらりと変わった。

「あれは勝蔵ではねぇぞ、追いかけるなよ」

子分どもは、次郎長の意外な命令にあぜんとした。こうなると、第三の疑問は、もう明らかであった。

「あれあれ？　たしかに勝蔵と雲風だ」

「なぜ、勝蔵を逃がすんだ？」

「親分、残念ですぜ」

子分たちが地団駄を踏んで悔しがった様子について、天田愚庵《あまだぐあん》『東海遊侠伝』は次のように記している。


勝蔵は顔を隠しながら走り去った。次郎長の子分のなかには彼を追いかけようとする者がいた。次郎長は彼らに大声でこう言った。

「武器も持たないで逃げるようなヤツは、おそらく素人であろう。あえて追いかけるまでもない」

子分は勝蔵を取り逃がしたその不満を抑えきれず、次郎長に文句を言い立てた。

「次郎長親分が追いかけるのを止めさえしなければ、どうして取り逃がすことがあったでしょうか。本当に惜しい限りです」

次郎長は笑いながら謝り、

「いや、これは思いもよらないことだったよ。親分から真っ先に逃げ出すなんてな」

と言った。云々

この記述によれば、次郎長は「俺はまさかあれが勝蔵だとは思わなかったよ」と空とぼけながら、実は子分どもをたしなめていたのである。大岩・小岩たちと斬り合って、あえて勝蔵を追撃しなかった。ここのところに次郎長の肚《はら》は並大抵のものではなかったことがうかがえるのである。

次郎長と天田愚庵

右の『東海遊侠伝』の記事は、もっとも信頼し得る文献である。その著者である天田愚庵《あまだぐあん》とはどのような人物で、次郎長との関係はどのようなものであったのか、そのおおよそを次に明らかにしておく。

天田愚庵は、その本名を甘田久五郎、または天田五郎という。奥羽の磐城平《いわきだいら》藩の出身である。戊辰戦争の際に彼の父母と妹の三名が行方不明となり、その生死もわからなくなったのを歎き悲しんで、全国くまなく探し回ったという孝行者であった。彼は詩歌や文章の才能に恵まれていた。

山岡鉄舟《やまおかてっしゅう》に愛され、その仲介により、次郎長の許に身を寄せていたことがあった。さらに彼の希望により、山本家（次郎長は本名を山本長五郎という）の養子となって、山本五郎と名乗った。当時、次郎長が取り仕切っていた富士の裾野の開墾場の監督として、大勢の博徒と起居をともにしたこともある。

次郎長は、五郎の孝行の心に深く感動し、彼の父母の捜索に助力を惜しまなかった。五郎も次郎長の義侠心に感動し、『東海遊侠伝』の執筆を思い立ったという。次郎長と五郎とは互いをよく知り合い、さらに養父・養子の関係にあった。したがって、この『東海遊侠伝』は内容に多少の誇張はあっても、次郎長の来歴を詳細に述べ尽くした点において、唯一の「真実の伝記」だといえる。

すでに述べた通り、この本には、平井宿殴り込みの際、子分たちに勝蔵を深追いさせなかった件が述べられている。いわば次郎長の腹芸だが、これは次郎長の真実の気持ちを五郎に語った部分であり、たしかな根拠に基づく記載と思うのである。

なお、五郎が出家したのは三四歳のときで、京の天竜寺滴水禅師《てきすいぜんじ》の弟子となり、名を鉄眼《てつげん》とし、愚庵と号した。

以上の事実からしても、次郎長の「肚《はら》」の中は複雑であった。友蔵との義理に応じ、中泉代官所に協力もした。一方で、それに囚われてばかりいるのではなく、勝蔵にも義理を立てた。つまり、四方八方に仁義を貫き通し、みずからの身を守ることに迷いがなかったのが次郎長であった。それに対して勝蔵は、命に代えて国に報いるという志士型であった。両者の心の在り様は対照的で、興味の尽きない点である。

こうして次郎長は勝蔵を深い追いせず、雲風は雲風で、勝蔵を安全な場所まで見送ったのである。文久三年（一八六三）夏六月中ごろ、勝蔵は無事に黒駒に帰った。

大詰め嵐河原の勝闘

この事件より一年前、すなわち文久二年（一八六二）六月に、石原幾之進《いしはらいくのしん》が黒駒を訪れてから一年がたった。勝蔵が平井宿から帰って間もなく、あらためて京から密使が来たとの説もある。それからというもの、彼は日夜、京に上るための手配を急いだ。

京に上るにあたって、第一に問題となるのが資金である。喜平次は長きにわたって勝蔵のために金銭の立て替えをし、山林も、畑地も、そして屋敷までもがほとんど他人の手に渡っていた。勝蔵はそのことをよく知っていた。しかも喜平次は、少しも動じないで強気に構えており、

「お国のためだ、今度は本当の裸になるんだぞ」

と言って、最後の一物までも投げ出した。勝蔵をはじめ、子分たち全員はどんなに奮い立ったこ

とであろうか。

黒駒一家が京に上る人数は総勢一〇〇名程度を予定していた。京に行くのでさえ長旅であるのに、京に滞在中の費用も必要なのだから、相当に巨額の経費が計上された。資金のやりくりをするために、つい強引な金銭の集め方をしたときもあった。こうしたなかで、勝蔵側に対して猛烈に対抗する姿勢をみせたのが国分村《こくぶ》の親分である三蔵であった。

国分は、甲府に近い勝沼寄りの一村落である。三蔵は縄張りの系統からすると、津向《つむぎ》の文吉《ぶんきち》の子分である菱山の佐太郎の兄弟分であった。そのためある程度、文吉の兄貴分である清水次郎長側の立場にあった。勝蔵と次郎長とのあいだで、平井宿で争いをした直後のこともあり、三蔵が勝蔵を素直に味方しようとしなかったのは当然であった。しかも三蔵は、勝蔵の京行きの意図を知らなかった。そのため、勝蔵側の強引な金銭の集め方に対して、これは平井宿の仕返しのためだと誤解したのである。今までの勝蔵との関係を断ち、黒駒側に激しく反発をしはじめた。それを聞いた勝蔵の子分たちは許しておけず、

「畳んじめぇ、上洛の門出の血祭りだ」

と息巻き、戸倉組《とくらぐみ》の本陣では殺気がたちこめたのである。とうとう黒駒側から三蔵側へ果たし状が突き付けられると、三蔵のほうでも次郎長の勢力を後ろ盾とし、黒駒の嵐河原まで押し寄せた。

嵐河原とは、黒駒村の北口で、若宮区内にある。嵐山という小山の麓《ふもと》で、金川《かねがわ》の河原であるこ

とから嵐河原と呼ばれている。

秋も深まりゆく九月半ばころの早朝であった。両勢とも約数十名。黒駒勢は京行きを目前にしていたので、その意気はかなり盛んであった。揃《そろ》いの白鉢巻きに白だすきを掛け、鎖帷子《くさりかたびら》でその身を守った出で立ちの立派さには、小規模な川中島合戦をみる思いがしたという。

急に、河原の朝靄《あさもや》を裂《さ》いて、黒駒側から、

「それッ、斬り込め」

の号令がかかった。その声に応えて、勝蔵の子分たちは張り切りながら、それぞれ手に持った刀をきらめかし、朝風を切って国分勢に襲いかかった。両軍はたちまち入り乱れ、追いつ追われつを繰り返し、河原の砂を血潮で朱色に染めて、ここが勝負の分かれ目と思うほどに戦った。結局、国分勢は黒駒勢の気迫に押されてたじたじとなり、たわいもなく斬り伏せられた。

黒駒一家はかねてより剣道が達者で度胸がよいと評判であった。今、それが目の前で見られるということから、黒駒の村人たちが我も我もと押し合いへし合いしながら、河原をめざして駆けつけた。その騒ぎっぷりは両軍の戦い以上であった。国分勢は黒駒勢の勢いに圧倒されて、その陣形は崩れてしまった。親分の三蔵が刀を棒のように担ぎながらあたふたと真っ先に逃げたのが、遠くからでも見られたという。

「それッ、黒駒勢の大勝利だ」

の勝鬨（かちどき）を上げると、勝蔵はそれでも油断をせず早々に戸倉組へ帰った。彼は石和代官（いさわ）側の幕府側勢力を前にして、深追いすることの危険性を理解していたからである。

この一戦は、石和代官を制圧した示威運動であり、黒駒一家の実力を実戦で村人に示したものでもあり、そしてまた京に上って勤王運動に加わる勝蔵が、故郷の見納めのために花を咲かせた最後の別れの意味も込められていたのである。遠くまで見通すような考えの深さは、どこか武田信玄公を思わせる。案の定、勝蔵の人気が村内で大いに盛り上がり、そのおかげで軍用金の調達もすらすらと進んだと伝えられている。ここに知恵者としての勝蔵の才覚がある。

それに引き換え、喧嘩《けんか》に負けたことを残念に思った三蔵は、急ぎの使いを清水に送り、左の通り、次郎長に訴えた。

勝蔵は平井宿の恨みを晴らすために、軍用金の支度をしている最中である。黒駒勢が清水を襲うのは間もなくのことである。早く叩き潰さないと大変だから、大急ぎで応援を寄こしてほしい。

だが、次郎長は、勝蔵の「肚《はら》」を知っていたから、この訴えを信じなかった。念のために、綱五郎以下、大五郎、清五郎、清次郎、芳五郎、時次郎、小吉、嘉吉の八名を黒駒に派遣し、戸倉組の様子を探らせたところ、勝蔵はすでに京に向けて出発したあとのことであった。

これ以降、勝蔵の動きは、いつも風のような素早さで、目にもとまらぬほどであった。嵐河原の勝利から軍用金の調達が無事にすむと、彼は少しもじッとしていられなかった。うっかりして甲州の代官どもから先手を打たれると、取り返しがつかないからである。

大急ぎの出発を思い立った勝蔵は、なかでも選り抜きの子分たち一〇〇名を、そっと戸倉組の本陣に勢揃いさせた。目立たぬように檜峰《ひみね》神社に参詣し、大願成就を祈ってから帰ると、人払いをして喜平次に別れを告げた。

「では、喜平次さん……」

喜平次の頬《ほお》にはうれし涙が光った。

「何も言うことはねえ。親分、俺の分までも　皇居を拝んできてくんろよな」

その夜、午前〇時頃の鐘の音が寒々しく聞こえるのを合図として、黒駒勢一〇〇名は威勢よく戸倉組の本陣から旅立っていった。

このとき、勝蔵は男盛りの三五歳であった。

荒神山事件の真相

荒神山《こうじんやま》の縄張り争いは、次郎長一代の大事件として、〝勝蔵〟対〝次郎長〟の派手な喧嘩《けんか》の頂点であるかのように世間ではいわれている。だが、これも天竜川における幻の夜の陣と同様に、その実態は勝蔵に関する限り、根も葉もない幻のようなものである。つまり、横綱の次郎長が一人では相撲にならないから、もう一人の横綱である勝蔵を土俵に引っ張り出し、決まり文句のように〝次郎長の勝ち、勝蔵の負け〟とするのが、この幻の相撲の型であるらしい。

まず、事件の発端は次のようなものであった。

伊勢の荒神山は、もと神戸《かんべ》の吉五郎《きちごろう》（顔が長いので、通称は長吉《ながきち》であった）の縄張りであったが、彼の入牢中に安濃徳《あのとく》という親分に奪われてしまった。長吉に味方をしたのが清水次郎長の子分である大政と寺津の間之助《まのすけ》の子分である吉良の仁吉《にきち》である。仁吉は長吉の兄弟分でもあった。そして、安濃徳から縄張りを取り返すこととなった。

長吉はもともと、安濃徳と兄弟分の仲であったが、仁吉の仲介で清水次郎長側に味方するようになってからは、長吉と安濃徳とのあいだの溝がだんだんと深まっていった。それが高じて荒神山の問題が持ち上がったのである。このごたごたの仲裁役を引き受けたのが館林の玉吉《たまきち》である。彼と安濃徳と長吉は、いずれも過去に追分の勇蔵の子分という関係にあったので、玉吉の仲裁は一応の適任と見なされた。

ところが玉吉の素性をよく調べてみると、彼は以前に次郎長に斬られた八尾ケ嶽《やおがたけ》の久六《きゅうろく》の弟分であった。彼はいつか清水一家にひと泡吹かせて、久六の復讐をしようと考えていたのである。そこへ元治二年（一八六五）四月二日、清水次郎長の代理である大政を先頭に、綱五郎、仙右衛門、八五郎、大五郎、小政、鬼吉らの面々二九人が伊勢四日市に乗り込み、安濃徳から荒神山の縄張りを取り返そうとする大事件が起こりかかったのである。玉吉はこの機会を逃さずに、表面では仲裁と見せかけて、裏面では日頃からの思いを遂げようとしたのである。

玉吉は次のように企みを実行した。まず、安濃徳側へは黒駒一家からの加勢があるように言い触らし、安濃徳側を喜ばせた。清水側へは、黒駒一家が大挙して安濃徳を助けるのだと言い触らし、清水側を怒らせた。こうして安濃徳側の黒駒一家と、長吉側の清水一家とが喧嘩するかのように仕組まれた。荒神山の事件は玉吉にあおられて起こされた「幻の大喧嘩」なのである。当然、黒駒一家からの来援はあるはずがなかった。だが、安濃徳側には参謀役の門之助《もんのすけ》以下一〇〇名の精鋭が本陣を固めていたから、次郎長子分の大政以下二九名を叩き伏せるには、それで十分との狙いが玉吉にはあった。

勝蔵はすでにやくざの足を洗って文久三年（一八六三）の秋に京へ上り、一身を勤王運動に捧《ささ》げていたのだから、そこから引き返して荒神山の喧嘩に参加するわけがないのである。つまり清水側の大政以下が、玉吉の仕掛けた罠《わな》にはまってしまったばかりに、荒神山の大騒動が起きたのである。この点は事実そのものが一番よく証明してくれている。

荒神山の衝突は慶応元年（一八六五）四月八日に起きた。安濃徳側の門之助、清水側の大政・仁吉らがそれぞれ陣頭に立ちながら指揮をとり、刀は光り、銃弾は飛び交い、雄叫《おたけ》びが山全体に響き渡るという大激闘が展開された。双方ともに戦い疲れて、それぞれ退いた。跡に残された死傷者のなかで主な者は左の通りであった。

安濃徳側…………門之助ほか四名即死
清水次郎長側……法印の大五郎と幸太郎の両名が即死
　吉良の仁吉は負傷後に死亡
　綱五郎・清次郎・市五郎の三名は重傷
　桃太郎・清五郎・敬二郎・保太郎・宇吉・丹蔵・勝太郎・才次郎ほか一名
　は軽傷

これを見ても、清水側の損害が大きく、その死傷者数は大半に及んでいた。この結果を聞いて、計画通りになったと喜んだのが腹黒い玉吉で、逆に大いに腹を立てたのが、ほかならぬ大親分の清水次郎長であった。
次郎長は今回の喧嘩の真相を誰よりもよく知っていた。事件の急報を受けて彼が語った言葉が、小笠原長生《おがさわらながなり》海軍中将の著書『大豪清水次郎長』伝に記されている。

「安濃徳は、踊らされているほうだ。踊らしている奴は、玉吉だ」云々

「あの玉吉という奴は……いつかこの俺に恨み(久六殺害事件)を返そうとしていやがったんだ」云々

彼はすぐに三河の寺津の間之助の許に行った。ちょうど、そこに四日市から帰ってきた大政をつかまえて、がみがみと頭から叱りつけたらしい。同書に、

「お前たち、玉吉の野郎の本心が見抜けねえなんて、だから、どじを踏むんだ。しっかりしろッ」云々

とあることでも、そのときの様子がよくわかるであろう。たかが玉吉程度になめられたとあっては清水一家の顔が立たないから、大親分の次郎長が腹を立てたのも無理はない。

さて次郎長は、安濃徳らに仕返しをするため、みずから伊勢湾に乗り込む計画を立て、味方を集めた。その総数は四八〇名に及んだと、天田愚庵《あまだぐあん》『東海遊侠伝』に記録されている。武器は長《なが》

槍《やり》一七〇本に鉄砲四〇挺《ちょう》、彼らの食料として九〇俵などを二艘《そう》の大きな船に積み込んだ。慶応元年五月一九日の夜、月明かりを浴びながら清水港を出発し、翌々日の二一日に四日市に入港した。

事件の張本人の玉吉はすでに姿を消していたので、相手は安濃徳とその黒幕の丹波屋伝兵衛であった。ところが両名は、抵抗しても無駄と判断し、無条件の和議を申し出た。次郎長もそれを受け入れ、話し合いはすらすらと運んだ。結局、清水側からの条件は、左の通りであった。安濃徳への要求は、

一、荒神山の縄張りを神戸の長吉に返すこと
一、事件の張本人である館林の玉吉の首を引き渡すこと

という二か条からなり、丹波屋伝兵衛に対しては、

一、六月一二日までに黒駒勝蔵の首を持参せよ

というものであった。安濃徳も丹波屋伝兵衛も、とりあえず右の条件を認めた形となり、和解が成立した。次郎長らはひとまず三河の寺津の間之助の許へ引き揚げた（『東海遊侠伝』参照）。

前記の条件をみると、和議の重点は荒神山の縄張り奪還にあり、この目的さえ果たせば清水一家の顔は立つのである。問題はただ「清水の顔」にあり、その代理である大政が、味方の大半が殺傷されたにもかかわらず、縄張りをそのままにして逃げ帰ってきたことにこそ彼の犯した過ちがある。しかし荒神山は長吉の手に戻り、清水一家の言い分が通ったのであるから、問題はだいたい解決されている。これ以上に望みはないはずなのに、なぜ、丹波屋伝兵衛に向かって「黒駒勝蔵の首」を要求したのであろうか。

これは言うまでもなく、〝黒駒一家が安濃徳に加勢する〟と、玉吉が悪く言い触らしたことに惑わされたもので、次郎長とあろうもののまっとうな判断とは思えない。その期限の「六月一二日」が過ぎても丹波屋伝兵衛は「黒駒勝蔵の首」を持参せず、またひと言の挨拶もなかった。次郎長側は「清水の顔」を潰すものだといきり立ち、あらためて四日市へ船を出すことを思い立った。だが、当時は明治維新に向けて世の中が動きはじめ、急に東海道の警戒が厳重となったため、やくざの集団活動は許されなくなっていた。そのため、次郎長はこの第二の計画を諦め、腹心の数名の子分とともに、さびしく清水に帰っていった。

八、颯爽たる勤王武士

大侠、いよいよ上洛

幕末に勤王を志すと、どのような生き方をしてきても、その道は険しかった。とくに一侠客という立場で、明治維新という激動の時代に体当たりでぶつかろうとした勝蔵とその一党にとって、その運命は悲惨なものであった。記録の上では詳しく伝わらないが、おそらく想像を絶するものであったに違いない。

文久三年（一八六三）の秋、勝蔵が黒駒戸《と》倉組《くらぐみ》の本陣を出発したころ、彼がひたすら頼りにしていた那《な》須《す》信吾《しんご》は、勤王の先駆けとして天誅組《てんちゅうぐみ》に参加し、大和十津川鷲家《わしか》口《ぐち》の戦いの最中に死亡していた。先の見えない苦難に満ちた生き方をしてきた勝蔵は、その未来をどのように切り開こうとしたのであろうか。

多少の文献資料や伝承によると、彼は中山道をそのまま西へ向かい、その途中の美濃や三河にしばらく滞在し、京に上る機会をうかがっていたらしい。この付近で勝蔵の兄弟分として知られたのは、美濃国岐阜の親分である弥太郎と三河国平井宿の親分である雲風の亀吉であった。こうした関係から、勝蔵上洛の噂が立っていたようで、当時、左のような『評判くどき』という歌の本が美濃・三河あたりで売り出され、大いに話題となっていた。

甲州黒駒勝蔵評判くどき（上編）

（以下は上洛途中の様子を述べたもの）

白いものさえ黒いのは世の善悪と同じことよと、これは世の中で広く昔から言われてきたことでした。この言葉に関わって、世にも稀《まれ》なほどの出世の手本となった者がおります。どこの誰かというと、国は甲州八代郡の、沼津街道の御坂《みさか》の麓《ふもと》に、甲府城下をはるかに見下ろす黒駒村というところ、古くからの名家である百姓家に、なんの不足もなく生まれ育ちながら、世間でいう〝飲む〟〝打つ〟〝買う〟の三つの道楽にのめり込み、これこそ俺の生きる道と、ひたすら博打で日々を送った、その名は勝蔵というものです。自分の男を上げるために子分をもち、昼夜を問わずの博打暮らし、今はお上《かみ》の取り締まりが厳しいおかげで、住み慣れた故郷から出ていかねばならず、といってどこにあっても住むことはできず、そうこうするうちにたどり着いたのが美濃国、岐阜で名高い弥太郎親分の許へ、しばらく足をとどめながら子分どもを休ませた。生まれた黒駒とは勝手が異なり、金を集めるのも困難だった。やむを得ずに子分どもは、町人百姓らから金を無理やり借りまくり、それもたび重なると、取り締まりがうるさくなった。これには仕方なく弥太郎も〝甲斐の客人の皆々さま、あまりにお上《かみ》がうるさいために、しばらく遠くに旅に出て、ほとぼりが冷めたらまた、お立ち寄りください〟と述べました。この言葉に対して勝蔵一同は〝それなら、暇乞《いとまご》いをさせていただきます、今から旅立ちをいたしまする〟とのことでした。

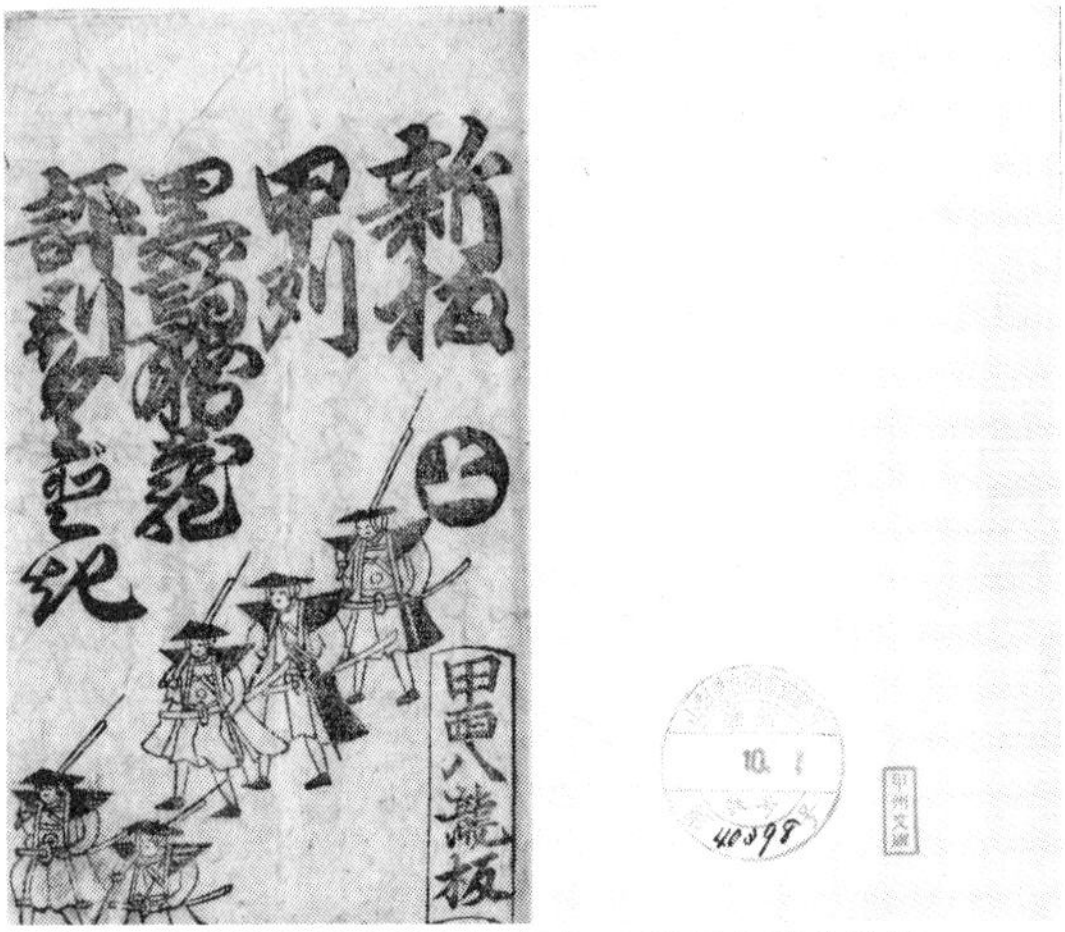
『甲州黒駒勝蔵評判くどき』（上）山梨県立博物館蔵

甲州黒駒勝蔵評判くどき（下編）

（以下は上洛後の様子を述べたもの）

子分を大勢引き連れて、美濃国を立ち退いて、三河国で名高い親分の雲風殿のところにやってきたのは、勝蔵と七五人の子分たち。まず挨拶をすま

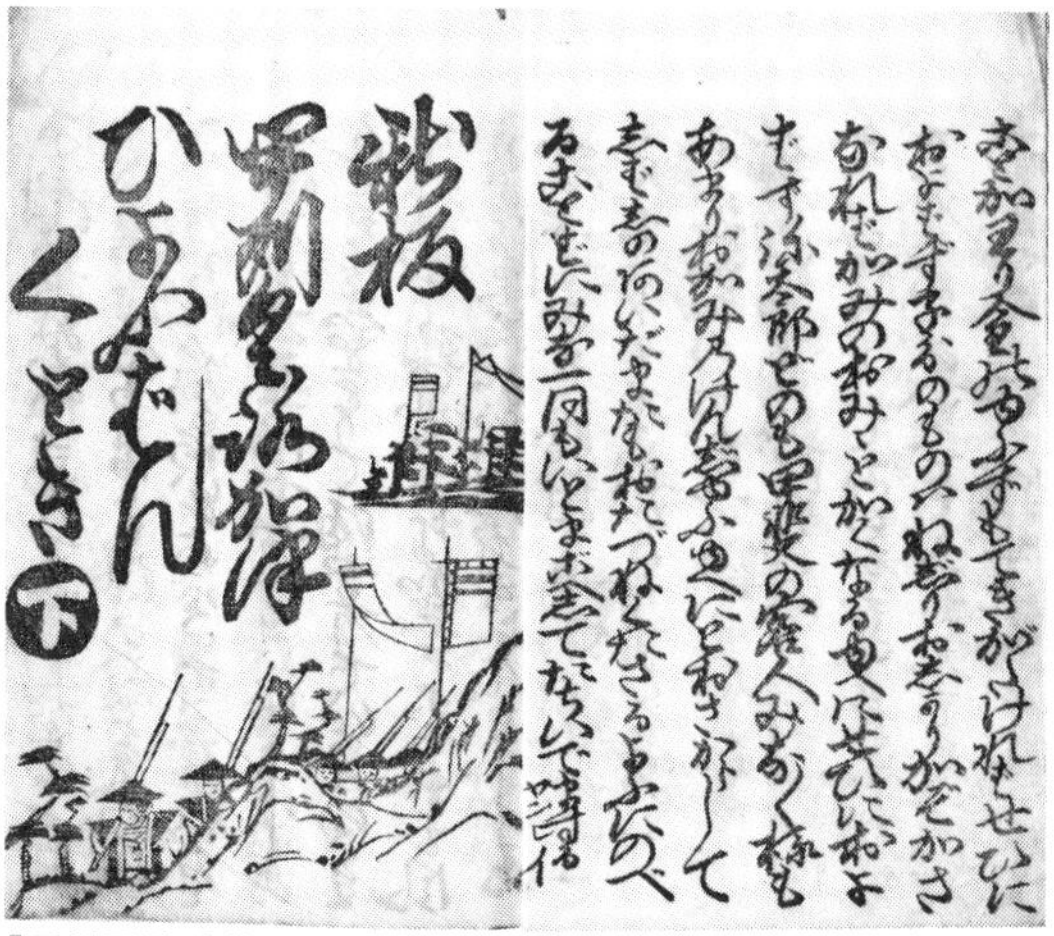

『甲州黒駒勝蔵評判くどき』（下）山梨県立博物館蔵

せてからは、雲風殿の〝さァ、上がれ〟のひと言に、勝蔵一同は〝ならば、ご免〟と草鞋《わらじ》を脱いで、酒や肴のもてなしに、これには全員で大騒ぎ。美濃や甲州の昔話も楽しみながら、雲風はこう言いました。〝甲斐の兄弟、貴殿も俺も博打渡世の身分であれば、銃で的を狙うように度胸を決めて、京に上ろう。たとえ立場は低くても、朝廷の下役人にでもなれるのであれば、それこそ身にあまる光栄であろう〟と。これに対して勝蔵も〝そうじゃ、そうじゃ〟と同意して、大勢の子分を引き連れ、ようやく京に上ることができました。どこに行くのか当てのないまま、しばらくのあいだは宿屋住まい。そうこうしていたところにちょうどよく、〝今度、御天子さまが東京へ行幸のご予定である。その末尾のお供をせよ〟とのご命令に、勝蔵は〝これは過分のありがたさ〟と喜び勇んで大勢の子分を駆り集め、名字は〝池田〟をちょうだいし、〝勝之進〟と名乗りながら、三〇〇人の武兵頭《ぶひょうがしら》（御親兵隊長）となって威厳にあふれ、お駕籠《かご》の脇やら前後やらを守りつつ、長い東海道中に、ところどころでご滞在、その様子も華やかに、花の東へお下りになった。勝蔵こそ古今でも稀《まれ》な出世の手本よ。

以上二編の『評判くどき』によると、勝蔵はまず美濃岐阜から三河平井宿を訪れており、そのときの様子が詳しく記されている。とくに下編では、京に上ってから武士に取り立てられ、相当に重い役職である武兵頭となり、光栄ある天皇の東海道下向の行列に加わったことが細やかに歌われている。いわゆる『評判くどき』であるから、多少の事実の誤りはあるにせよ、京に行くまでの経緯を述べてから最後に、

「古今でも稀な出世の手本よ」

と絶賛している部分は、勤王侠客《きんのうきょうかく》としての勝蔵をよく描写している。

（註）『評判くどき』に〝御天子さま〟とあるのは「四条隆謌卿《しじょうたかうた》」の誤りである。〝武兵頭〟とは、実際は「御親兵隊長」のことで、すなわち行列の警護役のことである。三〇〇人とあるのは、公文書では二〇〇人となっている。また、名字を〝池田〟、名を〝勝之進〟としているが、これは〝小宮山勝蔵〟が正しい。詳しくはあとで述べる。

いずれにせよ、右の『評判くどき』は、勝蔵上洛の過程について書かれたおもしろい記録であるが、残念なことにその年月は不明である。

この問題を解くのに、いくぶん有益であるのは、下編に、

勝蔵の一行は、初めに岐阜の弥太郎の許を訪れ、それから三河平井宿の雲風のところに行き、
そこで京に上るための準備が整った。

という趣旨のことが書かれている点である。勝蔵が美濃・三河のあいだを巡り歩いていたのは、黒駒を出発した文久三年（一八六三）の暮れから翌元治元年（一八六四）にかけてのころである。するど、京に上るという目的を達したのは、この元治元年かその翌年の慶応元年（一八六五）早々のころであったと思われるのである。

さて、勝蔵が鎮撫使《ちんぶし》である四条隆謌《しじょうたかうた》卿に付き従い江戸へ向けて京を出発したのは、慶応四年（一八六八）、すなわち明治元年五月一九日である。京に入ってからの三年間に、勝蔵は何をしていたのであろうか。とくに、長州への七卿落ちの一人として、その名声は三条実美《さんじょうさねとみ》卿に次ぐほどの四条隆謌卿に、どのようにして近づいたのか？　また、四条卿からなぜ、「御親兵隊長」という重役を任されたのか？　ここに勝蔵の隠れた功労があったはずである。

入洛後の勤王運動

ぞろぞろ大勢の子分を引き連れた勝蔵が、やっとの思いで京にたどり着いたのは、慶応の初めころだとされている。何年も前から念願していた皇居を眼前にして伏し拝みながら、彼はどれだけ感動したことであったか。

さて、京滞在時の勝蔵にとって、第一の問題は、資金についてであった。前記の『評判くどき』によっても、彼の財布はいつも空であったように思われる。さらに一〇〇人もの子分を抱え、どのように生活が成り立っていたのであろうか。広い京で一人の有力者にも近づくことができず、双六《すごろく》の振り出しのような状態であった。当然、途方に暮れるほかなかったが、知恵者である勝蔵の鋭い「勘」は、決してどじを踏まなかった。

「俺たちは新参のやくざでござんす」

彼はありのままに自分の身分を明かし、京の親分たちに顔を売り出したのがその手はじめであったといわれる。やくざ渡世は得意であったから、それで暮らしは十分に成立した。しかも幕府の役人の目をそらすのにちょうどよく、その過程でご奉公のきっかけができたのである。

そのころの京には多数の勤王の志士が入り込み、幕府の役人たちとの睨《にら》み合いが続いていた。こうした物騒な時代であったからこそ、勤王の志士たちがやくざに注目し、とりわけ一〇〇人の軍勢と同じ力をもつ勝蔵を見逃すはずがなかった。おのずと勝蔵はさまざまな志士たちと交流するようになり、やがて勤王党にとって必要な役割が期待されるようになった。

その役割とは、京の親分とその身内を含めて勤王党に引き入れることであり、もう一つは、幕府側の動静を勤王党側に知らせることである。これが勝蔵にとって勤王の志士たちと手を組んだ最初の仕事である。こうなると、表向きはやくざ渡世ではあったが、その裏では勤王運動のなかでも花道を歩んでいたのである。だが、勤王武士に生まれ変わろうとする勝蔵にとって、これは初の小手調べに過ぎなかった。

勝蔵のようなやくざ集団は、行動が機敏であり、胆力もある。このため彼らの実力は、表と裏の両面の役割を果たすのに申し分がなかった。子分たちに方々の賭場を探索させて幕府役人の動向や裏側の情報などを集め、そのニュースをこっそり勤王党の本部に知らせた。こうした動きは博徒こそ最適任で、勤王党にとって不可欠な役目を果たしていたのである。

勝蔵は京を拠点とする親分たちを次々に説得し、勤王の仲間入りをさせた。皇居は京にあるから、いざというときは彼らがいつでもご奉公に参加できるよう、つまり勤王やくざとなるための土台づくりをしたのが勝蔵であったという。京の親分だけでなく、縁のある近国の親分たちを説得するために遊説にも出かけた。美濃の岐阜の弥太郎は、勤王運動には賛成であったが、幕府側の近藤勇にも腐れ縁があったため、しぶしぶ幕府側に引き入れられたという話がある。三河平井宿の雲風の亀吉については、なんの伝承もないが、勝蔵が手広く、この付近にまで勤王運動のために動いていたことは明らかである。
京の東洞院錦小路《ひがしのとういんにしきこうじ》の薩摩屋敷は、かつて那須信吾《なすしんご》をかくまっていたことから、勝蔵はそれをきっかけとして出入りするようになった。薩摩屋敷で西郷隆盛、海江田信義《かいえだのぶよし》のような有力者と知り合いになったことも事実であるらしい。勝蔵はもともと一身を投げうち、ご奉公に専念していたが、それは西郷隆盛の信条であった、

「金もいらぬ、名もいらぬ。命もいらぬ……」

に一致していた。

西郷隆盛から右の名言を直接、聞かされていたようで、それからの勝蔵は、よりいっそう、ご奉公のための信念が強くなった。のちに黒駒に戻った折にも、「大先生、大先生」と西郷隆盛を崇拝し、右の名言を繰り返し口にしていたという。

彼が四条卿と知り合い、御親兵隊長という重い任務に就けたのは、前記の勤王やくざ運動の功労によるものであろう。さらに、もう一点は、有力な勤王志士たちに推薦されたからだと推察される。

光栄の御親兵隊長

私はかつて黒駒の古老から次のような話を聞いたことがある。

慶応四年（一八六八）の春、黒駒の武藤（藤太《とうた》）神主が市川の神主である青島能州《あおしまのうしゅう》とともに、甲斐国の神主代表として京に上った。そこに三か月余りも滞在していた際、黒駒勝蔵が子分の四、五名を引き連れ、立派な武士の恰好《かっこう》をして、武藤神主に会いにきたことがある。

それなら武藤家が所蔵する記録に、右に関する日記が存在するのではないか。たまたま機会があって調べたところ、『公用社用留日記』を見つけた。これは武藤神主が慶応四年四月一三日に京に上り、三か月ほども滞在した際の『日記』である。その五月五日の記事には、勝蔵が立派な武士の姿で子分を五人引き連れ、武藤神主の宿へ来訪した旨が記されている。

五日、大雨。
若宮の小池吉左衛門《きちざえもん》の次男である勝蔵が私の宿を訪問した。彼は当時、四条殿の御親兵隊長であり、小宮山勝蔵と改名していた。ほかに東原鷺堂組《さぎどうぐみ》の雨宮弥三郎、その弟の友蔵、ほかに三人も一緒に来た。

この『日記』の記事により、勝蔵が「御親兵隊長」に任命されたという事実が明らかとなった。
そのころの「御親兵」の人数については、東京帝国大学蔵の『復古記』第五冊に、彦根藩から軍務役所へ問い合わせをした際の公文書に、次の通り記されている。

〝御親兵隊長は何人の兵隊を率いるのでしょうか？〟という問いに対し、軍務役所から彦根藩へその日に回答した達書には、〝御親兵の数は二百人である〟とある。云々

これを見ても、勝蔵が御親兵二〇〇人を率いる隊長の身分に出世したことが明白となったのである。

勝蔵は小池家の出身であるが、京に上ってからは、姓を小宮山と改めた。こうして勤王武士小宮山勝蔵が颯爽《さつそう》と出現したのは、動かすことのできない歴史的事実となった。黒駒村の庄屋の倅《せがれ》である小池勝蔵から侠客《きようかく》黒駒勝蔵となり、さらに勤王武士、しかも御親兵隊長の小宮山勝蔵へと飛躍したのである。

小池から小宮山へと名字を改めた理由は、次の通りである。黒駒の小池家の隣に小宮山屋敷があり、その主人である小宮山嘉兵衛《こみやまかへえ》は甲府勤番の旗本であった。その勤めを辞めてからは黒駒に住み、庄屋である小池吉左衛門《きちざえもん》（勝蔵の実父）の使用人となった。そして、彼が青年時代の勝蔵に剣道を教えたことは、前に述べた通りである。勝蔵がいったん勘当されてからは、陰から彼のことを援助した。勝蔵の葬儀の際にも、みずから進んで施主を務めたほどであったから、二人は

かなり親しい間柄であった。勝蔵が京で武士身分として取り立てられた際には、小宮山家の跡を継がせることで、武士の資格を用意したのだといわれている。

そしてまた、武藤神主の『日記』に、勝蔵の縁者に関する見逃せない記事がある。

二十八日(四月) 大雨
白川殿（公卿）を訪ね、役人である古川但馬守と面会し、話が終わってから宿に帰った。彼は若宮の小池吉左衛門殿の甥であり、武蔵八王子の甲州屋与右衛門の倅である。

古川但馬守なる人物が小池吉左衛門の甥であるとすると、古川と勝蔵は従兄弟の間柄となる。

そもそもこの古川但馬守とは、どのような人物であろうか。

調査を進めると、彼は古川帯刀《ふるかわたてわき》といい、八王子町の甲州屋与右衛門の一人息子であり、幼名は梅之助といった。商人を嫌って江戸深川八幡の神主古川家の養子となり、学問と武芸を修めてから京に上った。それがどのような経緯で但馬守まで出世したのかは不明である。ともあれ従兄弟同士で、役目はそれぞれ異なってはいるものの、明治維新に際して共に国のために尽力したのは他に類をみないほど、立派なことである。勝蔵が四条卿に厚く取り立てられたのも、その裏側ではこの古川但馬守からの推薦があったと推測されるのである。

以上の記録で、勝蔵が御親兵隊長に任命されたことが明らかとなった。また、由緒正しい小宮山家を継ぎ、勤王武士小宮山勝蔵と名乗った経緯も判明した。天下に晴れてご奉公ひと筋の道を進む勝蔵に、一点の曇りもない。光栄ある天皇の関東への行幸を控えて、勝蔵は何度も皇居を拝み、天朝さまからのご恩のありがたさにむせび泣いたのである。

華々しい東下り

慶応四年（一八六八）五月一九日は、駿府鎮撫使《ちんぶし》としての四条隆謌《しじょうたかうた》卿が京を出発した日であった。華々しい東下りがはじまったのである。この行列に付き従ったのは、小宮山勝蔵を隊長とする御親兵隊二〇〇人、ほかに藤堂和泉守、柳沢甲斐守、相良遠江守《とおとうみのかみ》、松平但馬守、中川修理大夫、松平主殿頭《とものかみ》ら一〇〇〇人ほどの大行列であった。

この日こそ、甲州の勤王侠客黒駒勝蔵が天朝さまへのご奉公の念願が叶い、新しく勤王武士として生まれ変わった日なのである。あまりの感激ぶりにその身を震わせた勝蔵の目には、この世のあらゆる物事が朗らかに見えたのである。

諸部隊の出発の相図があると、遠くまで響き渡るラッパの音に合わせて、進軍の歌声が行列から発せられた。

勝蔵、官軍に所属して随行

宮さん宮さんお馬の前で
　ひらひらするのは何じゃいな
　　あれは朝敵征伐せよとの
　　　錦の御旗じゃ知らないか
　　　　トコトン、ヤレトン、ヤレナ

（註）この進軍の歌は品川弥二郎の創作とされる。当時、官軍の行進にて皆、この歌を合唱した。今日の軍歌の先駆けである。

勝蔵隊長は馬上で胸を張り、四条卿の駕籠《かご》のそばをしずしずと付き従った。夜明けの京の大道にて、見事な乗馬姿で旅の門出を飾ったその隊長ぶりは、世にも力強く勇ましかったであろう。

　行列が真っすぐ東をめざして行進すると、至る所で何百何千もの人びとが沿道で列をなし、恭しく頭を下げて見送った。人びとは希望に目を輝かし、山や川、田や畑もみなすべてが明治維新を称えているようにみえた。その喜びぶりは沿道の家々に満ちあふれていた。

勝蔵との間柄から、岐阜では弥太郎の子分がにぎやかに出迎え、平井宿では雲風の子分たちがかがり火を焚《た》いて見送ったのが印象深かった。こうして京から遠江まで、道中は何も起きなかったが、その境を越えて駿府に着くと、意外な噂が伝わってきた。

噂とは、四条卿の行列の中に勝蔵が加わっているのを知った清水一家の子分が、大それた計画を立てているということである。親分の次郎長には内緒で、今度こそ勝蔵を殺そうというのである。これを聞いて驚いたのは、勝蔵自身よりもむしろ当時、駿府に在任中であった総督府判事の伏谷《ふせや》如水《じよすい》であった。

そのころの判事とは、現在の知事に相当するから、治安上の問題はすべて判事が担っていたのである。今、清水一家の子分どもが勝蔵の首を狙ったとすると、それは四条卿の行列に害を及ぼすのと同じである。官軍の御親兵隊長である小宮山勝蔵に暴行を働くのだから、四条卿に対する伏屋判事の責任は重大である。

一方で清水一家の子分たちにとっては、御親兵隊長である勝蔵も、侠客の親分である勝蔵も、共に首を狙った勝蔵であることに変わりはなかった。先年の平井宿一件にて、あと一歩のところで勝蔵を取り逃がしたことをただ無念と思っていたのである。そうしたところに図らずも、勝蔵が駿府にやってきた。それも鎮撫使の御親兵隊長として羽振りをきかせていたから、血に飢えていた清水一家の勝蔵への憎しみは、炎のように燃え上がったのである。
勝蔵は次郎長への挨拶を忘れなかった。ただし、〝昔は自分も次郎長と同じやくざであったが、今は官軍の錦の御旗の下で働く隊長という立場である。次郎長は相も変わらず博徒の親分である。そのため自分と次郎長とは身分が違う〟ということで、子分を代理として遣わした。次郎長の子分たちは〝勝蔵の子分は挨拶の仕方が悪い〟と難癖をつけ、ひと騒動が起こりそうな気配であった。だが、次郎長も手抜かりはなかった。

「手前ら、何をつべこべと騒ぐのだい。昔は昔、今は今だ。勝蔵も昔はやくざだが、今は立派なお役人だぞ、めったな悪さをすると、この俺の落ち度になるんだ。馬鹿者めッ、気をつけろ」

と、子分どもをさんざんに叱ったという話がある。
それを聞いた勝蔵は、役人という立場を離れて個人的に、みずから進んで次郎長の許を訪れた。次郎長も愛想よく勝蔵を迎えた。この両雄の思いは共に、雲の漂《ただよ》うが如く、水の流るるが如く、世の動きに自然と身を任せていた。

「ご維新の御代《みよ》は勤王の一色で、四民は皆《み》ンな天朝さまのご家来だから、これからはそのつもりでまいりましょう」

誰が聞いても胸のすく口上であった。次郎長も伏谷判事からの勧めによって、駿府判事庁の探索取締という役職に就いていた。そのため、昔のままのやくざの親分というわけでは決してなかった。だが、ぎらぎらする軍装を身にまといながら「鎮撫使の御親兵隊長小宮山勝蔵である」と名乗られると、めったに動揺しない次郎長であっても、あまりの世の中の変わりぶりに驚かずにはいられなかったであろう。

「ごもっともでござんす……お役儀大事……何分よろしゅう」

次郎長も彼らしく見事にはっきりと答えた。それから互いに打ち解けた会話がなされ、勝蔵は帰ったという。

次郎長は以前から、勝蔵に恨みはない、と言っていた。文久二年（一八六二）の秋一〇月、遠江菊川で開かれた赤鬼《あかおに》の金平《きんぺい》事件に関する和議の際に勝蔵と対面した。それから数年ぶりの再会であったが、次郎長はむしろ懐かしさすら感じていたのではないか。おそらくいっさいを水に流してさっぱりとした気持ちであったであろう。だが、それで収まらなかったのが彼の子分たちであった。

大政・小政ら主だった子分たちは、親分次郎長に何を言っても通じないと諦めていた。そこで、彼ら数十名で、それぞれ武器を携えて江尻宿に集合し、執念深くも勝蔵の暗殺計画を立てたのである。この噂が伏谷判事の耳に入ると、それこそ上役に対して申し訳が立たないので、さっそく次郎長を呼び出し、

「清水の身内が昔の勝蔵にどのような恨みがあるかは知らない。だが、御親兵隊長小宮山勝蔵は自分と同じ新政府の役人であるから、彼に万一のことがあっては大変な事態である」

と言い、大急ぎで次郎長の子分どもの動きを鎮静化させたという。

四条隆謌卿の大行列は、慶応四年六月六・七日の両日、駿府に滞在。予定通り六月八日に同地を出発。御親兵隊その他によって水も漏らさぬほどの厳重な警護がなされ、威風堂々と無事に東海道を通行した。越えて同月一六日に無事、江戸城へ入ったのである。

それからのちの四条卿は、同月二四日付けで駿府鎮撫使の職を解かれ、新たに大総督参謀となり、七月三日付けで仙台追討の総督を、八月一三日付けで平潟口《ひらかたぐち》総督を命じられ、奥羽方面の

追討に輝かしい武功を挙げた。そして一一月一七日に東京に戻った。このときまで、御親兵隊長としての小宮山勝蔵の身分に変わりはなかった。

夜明け前の甲州方面

勝蔵が京に上ってからの甲州は、その全域において勤王側と幕府側が激しく戦い合う舞台となっていた。その影響により、在地のやくざ集団はすべて一掃されてしまった。勝蔵は早くからこうした時代の動きを読み取っていたからこそ、上洛を急いでいたのである。

官軍の先頭は、慶応四年（一八六八）四月四日に江戸城に入り、その翌月の五月五日に上野の彰義隊《しょうぎたい》を払い除けた。それよりもひと足早く、板垣退助・谷干城《たにたてき》の別動隊は中山道を通って甲府に入り、三月六日に勝沼《かつぬま》の柏尾《かしお》で近藤勇の幕府軍を破っている。

近藤勇はまず甲府城を乗っ取るつもりであった。だが、すでに官軍が先に入城し、さらに兵力もかなり優勢であった。そのため、官軍の先頭部隊には敵わなかったのである。うろたえた近藤勢は、大急ぎで在地の幕府側の博徒たちを駆り集めたが、それでも勢いを挽回することはできなかった。その結果、柏尾の戦いで足腰の立たないほどに打ちのめされ、そのまま命からがら江戸をめざして逃げ帰った。

板垣退助伯爵と甲州との縁

板垣退助率いる官軍がたちまち甲府城を占領し、幕府軍の出鼻をくじいたことについては、深い縁がある。

板垣家の先祖である板垣駿河守信形は、有名な武田二十四将の一人である。天目山《てんもくざん》の戦いで武田家が滅亡した際、小宮山内膳のように主君である武田家と運命を共にした者もいた。だが武田家臣の多くは後日の武田家再興をめざして、方々に逃げ去り、難を避けた。

そのなかに、水戸藩に仕えた馬場美濃守信房の一族がある。また、同藩には、明治維新に先立ち、筑波山において挙兵した（天狗党の乱）武田耕雲斎という優れた人物があり、彼も甲州武士の血統とされる。

さらに、遠く長門国まで落ち延びた者に山県三郎兵衛の一族があり、山県有朋公爵はその子孫にあたる。板垣駿河守信形の一族も土佐藩に招かれ、板垣退助伯爵（名乗りは正形）は、この信形の子孫であった。

これら武田家武将の血筋を引いた勤王の士が水戸藩・長州藩・土佐藩で立ち上がり、三〇〇年前に武田家を滅亡させた徳川家に対して反撃したのは、まことに縁の深い話である

そのなかでも板垣退助の官軍が甲州に足を踏み入れて、さっそくにも甲府城を落としたその理由は、まずは官軍として江戸城に攻め入る重要拠点を確保するために、先手を打ったのであろう。

一方で、板垣退助にとっては、先祖である信形の主君にあたる武田家の弔い合戦の意味があったのである。勝沼柏尾の戦いにおける板垣退助の意気込みはすさまじく、近藤勢をいとも簡単に蹴散らしてしまったのは、こうした事情があったからなのである。

近藤勢が敗退したころと前後して、沼津方面から御坂《みさか》峠を越えて黒駒に侵入してきた幕府側の軍勢がある。林昌之助・伊庭《いば》八郎《はちろう》らが組織する遊撃《ゆうげき》隊である。私の実家がその宿舎に充《あ》てられたので、子どものころに祖父からその話をよく聞かされていた。この遊撃隊も甲府城の乗っ取りを企てたが、近藤勢が敗北した直後であったので、とうとう一戦も交えずに引き揚げてしまった。

このように、当時の甲州は夜明け前の混乱期であった。その情勢は京にもよく伝わっていたため、五月一三日に四条隆謌《しじょうたかうた》卿の甲府鎮撫使《ちんぶし》任命が発表され、勝蔵はその御親兵隊長となった。甲州出身であることが大きく作用した人事であろう。ところが実際は、東海道副総督 柳原前光《やなぎわらさきみつ》卿が海江田《かいえだ》武次《たけじ》（のちの信義《のぶよし》子爵）を参謀として、甲州に向けて軍勢を出発させた。そのため、幕府側の近藤勢と遊撃隊は、それぞれほぼ同時に甲州から退いてしまったのである。このおかげで、四条卿はあらためて駿府鎮撫使に任命された。武藤神主の『日記』は、このあたりの事情を次の通り伝えている。

柳原殿が甲斐国にご入国されたので、賊軍は引き揚げた。云々

後記

九、信念に殉じた生涯

錦衣を着て故郷へ

明治元年（一八六八）一一月一七日に奥羽から東京に凱旋《がいせん》した勝蔵は、翌二年の春、四条卿から非常に惜しまれながらもお暇《いとま》を賜り、久しぶりに故郷の黒駒に帰った。

古老の語るところによれば、その日の勝蔵の恰好《かっこう》は、陣笠に陣羽織、大小の刀を差した、いかめしい武家姿で、その配下は約六〇名もいたという。四条卿の御親兵隊長としての恰好そのままであったから、黒駒の村人たちにかなり強い印象を与えたようで、現在も村中の話題になっている。見渡す限りの甲州の山々は、勝蔵にとってどんなに懐かしかったであろうか。昔のさまざまな出来事を思い起こしたはずである。

武家姿の勝蔵は二、三人の家来たちを引き連れて、檜峰《ひみね》神社の社殿に足を運んだ。限りないほの感慨に浸りながら、故郷に無事に帰ることのできたお礼を申し述べた。彼はその足で小池家の菩提所である称願寺に行き、父母の墓前に詣でた。

二〇年ほど昔、一生の勘当を受けるほどの親不孝をしたことを心から悔やみ、幾度も詫び言を口にした。とりわけ、在りし日の母の姿が恋しくなり、涙で頬《ほお》を濡らしながら、声を立てて泣いたという。

それから彼はもどかしげに定兵衛《さだべえ》親子の墓を弔った。お定《さだ》の墓で三日三晩泣き明かし、心から「ご奉公」を誓ったその気持ちは、今なお勝蔵にとって記憶に新しかった。その誓いを勤王侠客《きんのうきょうかく》として、というより勤王武士として生きてきたその姿こそ、仏となった定兵衛親子に対するこの世で最高の供養のあり方であった。

墓参がすむと、勝蔵はまっしぐらに戸倉組《とくらぐみ》の本陣を訪れた。だが、そこには長老の喜平次の影さえ見えず、その屋敷跡は草の生い茂るにまかせた痛ましい光景であった。一説には、喜平次は勝蔵が京に上ってからは財産がなくなり、文字通り裸となってしまった。勝蔵は戸倉組南にある堰《せき》のほとりに喜平次がその身を横たえているのを見つけると、二人はその傍らの荒屋《あばらや》で互いに手を取り、喜び合ったとも伝えられている。

勝蔵がかねてより顔を出すことを念願としていたのが、若宮の実家の小池家であった。だが、彼は勘当を受けた身であるから世間を憚《はばか》り、その隣家である「上《うえ》の酒屋」坂本武左衛門を訪ねた。

そのときの様子について、ある古老が次のように語った。

「ある日、坂本の店先へ一人の立派な武士が姿を見せました。その武士はひと言もものを言わなかったので、主人の武左衛門は、どこかで見たような顔だ、と思い、よくよく見てみました。すると、左の目が少しつぶれた感じであったので、これは〝勝ちゃんだ〟とわかったそうです。主人は非常に喜んで、その武士を奥の座敷へ案内しましたが、これといった話もせず、ただひたすら主人と客との間柄として、昼も夜もぱちりぱちり囲碁ばかり打っていたそうです。なにしろひと目見てもまぶしいような武家姿なので、坂本の妻は向かい合っても、彼の威厳に負けてしまい、口もきけず、黙ってもじもじしていたといいます。実家の小池家には遠慮をして立ち寄らず、武左衛門の仲介で、実兄の三郎左衛門らと坂本の家で、絶えて久しい水入らずの面談を遂げたのがお別れになりましたよ」云々

わずか数年のあいだとはいえ、明治維新の風潮は黒駒の狭い渓谷にも流れ込んでいた。移り変わりの激しさは世の習いとはいえ、あまりに心の動かされることが多かった。このことは、やがて勝蔵自身の運命にも大きな影響を及ぼすのである。

浮浪人狩りと金山経営

明治も二年目を迎えると、維新の効果がだんだんと出てきた。新政府の施政方針は幕府時代の悪い慣習を次々と改めることにあった。そこで、目まぐるしいほどに次から次へと新法令が出されたのである。

そのなかで「遊人《あそびにん》」を厳しく処罰するためになされた施策がある。〝遊人〟とは一定の職業をもたない人のことで、彼らへの対策が、いわゆる浮浪人狩りである。戸籍などに登録されたところとは違う土地に住む者のことを〝浮浪人〟と呼んだ。この法令が太政官《だじょうかん》から出されたのは明治二年（一八六九）三月であった。

覚

明治維新により、速やかに天下が治まり、万民が安心をして、それぞれにふさわしい生活ができるよう、天皇陛下も思いを巡らしておられる。ついては、この世に浮浪人がいるのはよくないことである。現在の情勢からすれば、武士・庶民を問わず、むやみに本国を脱走することを固く禁止する。もし、本国を抜け出した者が罪を犯したのであれば、主家の過失として責任を問う。もっとも、このような時期であるので、身分にかかわらず、日本、もしくは主家のためにあえて政府に意見を申し述べるのであれば、手続きを整え、公正な考えに基づき、その意見をくみ取る。そのための願い出をして、太政官代へ意見を述べよ。
ただし、今後は武士の奉公人はもちろん、農民・商人の奉公人を抱える際は、その身元をよく確認すること。もし、本国から脱走した者を抱え、彼が罪を犯した場合、その主人の過失として責任を問う。

明治二年三月　　　太政官

この法令は厳しく守られたので、誰もが正当の職業をもたなければならなくなった。六〇人の子分を抱えていた勝蔵にとっては、彼らすべてに職業を与える必要があったのである。子分思いの勝蔵の親心として、彼らのために生活の安定を考えた結果、黒川金山の採掘に注目した。この黒川金山とは、甲州萩原から入る山奥にあり、昔、武田信玄公が大量の甲州金を採掘したことのある金山跡である。

この当時は、勝蔵も奥州征討に従軍したことへの功労として、かなりの金額の報償が与えられたであろうから、鉱山採掘の資金調達でとくに苦労することはなかった。事業も順調に進められたようで、子分たちが鉱夫姿となってまじめに働く様子が見られ、彼らによって付近の村々はにぎわっていたという。

太政官の法令により、子分たちの行く末が気がかりであったが、すでに鉱山事業が開始されていたので、後日の心配もなくなった。すると、勝蔵の頭の中で、新しいご奉公への念願が燃えるように湧き起こったのである。その身をお国のために捧《ささ》げた熱血漢勝蔵に、果たしてどのような「念願」があったのであろうか。

最後のご奉公念願

明治という時代が大きな機械のように動きはじめた。その歯車の回転に、がりがりと砂利を挟んでしまったときのように、新政府のなかにも邪《よこしま》な考えをもつ者たちが数多くいて、目に余るほどであった。純真で真っすぐな性格の勝蔵は、その醜さに怒り、最後のご奉公を思い立ったのではないだろうか。

彼はいったん故郷の黒駒に戻ってはみたものの、一日も心の休まるときはなかった。もう辛抱することができず、幾度も東京に足を運んでは同志たちと語り合うのであった。政府高官たちが顔を合わせて激しく対立をしている、という話を聞くと、

「政府高官がそんなことでよいものか」

と、彼は怒りに震えた。勝蔵が幕末期の京において、勤王やくざとして尊王運動に命をかけていたころ、たびたび西郷隆盛の許を訪れていた。彼が東京に来てからも、〝大先生、大先生〟と勝

蔵は深く尊敬していた。このため、人目を避けながらも、再三にわたって同志たちとともに西郷の邸宅を訪問していたのである。

彼とその同志たちは、ともすると過激な行動に走りそうであったので、

「おはんたちは早まってはなり申さぬぞッ」

と、西郷は丁寧になだめたという。勝蔵は、

「大先生にご心配をかけてはすまない」

と言って、そのときはおとなしく甲州に帰った。だが、それで納得したわけではなかった。

彼は明治維新の際にお役に立てさせていただいたことを非常にありがたく思い、そのご恩に甘え切ってしまうのは畏れ多いことだ、と考えていた。自身の生命は天朝さまへ差し上げたつもりであるから、そのご用で死ななければ気がすまなかったのであろう。西郷隆盛の言葉にある、

「金もいらぬ、名もいらぬ。命もいらぬ」

の名言の気持ちがしだいに熱を帯びるようになった。生命は自分のものではないような気がして、金も名も惜しくはなくなり、現実の世界が忌々しく思えた。かつて、天朝さまの敵は幕府であったが、今となっては、〝あの名誉がほしい、金がほしい〟と私心を増長させた者たちこそが、お国にとって一番の仇と考えるようになったのである。このことを思うと、彼は悲しみと憤りの涙に暮れるのであった。

黒川金山の事業により、子分たち六〇人の生活の道筋をつけると、勝蔵にはなんの気がかりもなくなった。そして、持って生まれたかたくなな性分が燃え上がり、またしても東京に出かけたのである。

勤王武士はいつまでもその魂をもって生き続けなければならない、と勝蔵は信じきっていた。東京では、以前の勤王武士たちの魂も腐ってしまい、政府役人として贅沢《ぜいたく》な暮らしにうつつを抜かしていた。それが勝蔵には目障りでならなかった。おそらく西郷の言葉を思い出しながら、命の捨てどころを考えていたのであろう。

「嘆いているばかりで、お上《かみ》に相済もうか」

「日本国のあるべき姿は、どこまでも勤王のひと筋だ」

「ご維新のお仕事は、これからではないか」

彼とその同志たちは、顔を合わせるごとに、このような話で盛り上がっていた。これは止めようにも止められない武士の気概であった。勝蔵は自分一人が犠牲になれば、世の中が正しくなると思い込んでいた。

同志のなかには有力者もかなり多くいたので、彼の計画も八割程度は話が進んでいた。だが、その企てが役人に知られてしまい、勝蔵は東京の仮宅で捕らえられ、秘密裏に甲府一蓮寺の牢に送られた。明治二年（一八六九）一二月の初めのことである。

彼が思い詰めていた〝最後のご奉公〟とは一体、何であったのであろうか。西郷隆盛が「早まるな」と戒めたというが、この言葉こそが〝最後のご奉公〟を暗示していたのではないか。結局、真相はまったく世間に漏れず、永遠の謎として葬られたのである。

勤王に徹した末路

入牢中の勝蔵の様子については、誰からともなく世間の噂として伝わった。牢内で死去した原因についても、病死であると広く信じられている。

一二月から一月にかけての甲斐の山々から吹き下ろす風は、身を切るように冷たかった。一蓮寺の牢屋では、勝蔵に対して陰惨な拷問が日課のように行われていた。

「事実をありのままに申してみよ」

霜が降りるような寒い夜更けであっても、牢屋の役人が彼を責め立てる声は、たびたび外に漏れていた。被告である勝蔵はいつも目を閉じたまま沈黙を続け、ただのひと言も口を割ろうとはしなかった。勤王武士である小宮山勝蔵の体は、大昔からあった岩のように微動だにしなかったという。次から次へとさまざまな拷問道具が持ち込まれ、どんなに残忍な責め苦を負わせても、彼は歯をくいしばってこらえ、ときどきは目を開いては微笑むのであった。なんたる命知らずの度胸の持ち主であったのであろう。

たとえ八《や》つ裂《ざ》きにされても、彼の口からはひと言も漏れることはなかった筈である。ご奉公に捧《ささ》げた彼の肉体は、かつて檜《ひ》峰《みね》神社の社殿で祈願をした日にすでに死んでいる。金も、名も、命もいらないというのが彼の魂である。したがって、この拷問にどれほどの効果があったであろうか。

牢屋の役人は徹底的に責めたが、最後には持て余してしまった。勝蔵は御親兵隊長を務めた立場であったから、拷問以外ではそれ相応の待遇を受けていたとされる。入牢の当初も同じ牢内の囚人から敬われ、牢名主《ろうなぬし》に立てられたとも伝えられている。〝牢名主〟とは、囚人から選ばれ、牢内の取り締まりをした〝かしら〟のことをいう。

寒さもいよいよ厳しい一月になると、彼の健康は日を追うごとに衰え、全身のむくみがひどくなり、悪性の脚気《かつけ》に罹《かか》ったことが判明した。余命もわずかであることに気づき、勝蔵は牢屋の役人の一人にしみじみと自分の心のうちを語った。

「今度のことは、天にも地にも恥じないが、その訳はこの身が粉微塵《こなみじん》になっても、金輪際《こんりんざい》申し上げられない……俺は先年京へ上って、天朝さまのご用を務めさせていただいて……こんな勿体《もったい》ないことはない。それに今度は天朝さまのご牢屋へ入れられて、ここで死なせていただくのは……自分の家で、畳の上で死ぬよりも、どんなにうれしいか、ありがたいか……お察しを願いたい……」

彼は重い病気の体でありながら、板敷きの床の上に正座し、このように語ってから、さめざめとうれし泣きをしたという。それから間もなく一月六日の夜、脚気に伴う急性の心不全を起こし、眠るような最期を遂げた。

彼は海外渡航を思い立ち、下田港で捕縛されたという噂もあったが、そうした事実は確認されていない。彼が東京で企てた〝最後のご奉公〟と信じたことが、法律に触れてしまったのである。その死因についても、牢内で毒薬を盛られたのではないか、とも言われたが、これも単なる噂に過ぎなかった。


以上の事実から、死の直前に〝天朝さまのご牢屋へ入れられ、ここで死なせていただくのは何よりうれしい〟と述べたことからしても、勝蔵には滅私奉公という誠の心以外には何もなかったことがわかる。私心を捨てて、お国を思い、全霊をかけて天朝さまに捧《ささ》げたのが彼の真実の心である。そこに彼の偉大な魂の力が湧き起こり、不滅の炎が燃え上がっていたのである。彼は享年四二歳で一蓮寺の牢内で永眠するまで、この魂の力で生きていた。肉体は拷問で苦しめられながらも、ただひたすら天朝さまのご恩のありがたさに感涙にむせんで死を迎えた勝蔵にこそ、日本人の真の姿が表れているのではないか。

彼がその一生を賭けて得たものとは、何であっただろうか。それは勤王やくざとして自身を捨て、あくまでご奉公ひと筋を貫いた生き方そのものであった。まさに泥の中に咲いた蓮華のような美しさであった。

苔むした石地蔵尊

明治三年（一八七〇）一月七日、無言の勝蔵の遺骸は、弦間《げんま》忠恒《ただつね》をはじめ村の有志たち数名に守られながら黒駒に帰った。勝蔵の実家である小池家をはじめ村人たちは、

「勝蔵さんの勘当は、もう赦《ゆる》されたはずだ（註）」

と言って、悲しいうちにも晴れやかに遺骸を迎えた。九日に、小宮山《こみやま》嘉兵衛《かへえ》を施主として、心づくしの葬式が小池家の菩提所である称願寺で営まれた。

（註）勝蔵の勘当は一生となっていたから、死亡とともに勘当は赦されたという意味である。

広々とした境内にある枯れた木立や霜柱など、およそ目に入るすべてのものが侘《わび》しく感じられた。薄暗い本堂には、幾筋もの香の煙が悲しそうに揺らいでいた。その正面には、「松岳院安阿快楽居士」と太い字で書かれた勝蔵の戒名が掲げられていた。

やがて、老僧を導師とする葬送の式がはじまると、諸行無常の響きを感じさせる鐘が鳴った。その音は哀しみの気持ちをいっそうかき立てた。一同は目をつむりながら手を合わせ、過ぎし日の雄々しかった武家姿の勝蔵を心の中で思い描いていた。村の偉人ともいうべき勝蔵のはかない

最期を惜しんだのである。その余韻に浸りながら式を終えると、遺骸は若宮八幡の隣にある地蔵寺に葬られた。世間をはばかり、墓碑の代わりに一体の石地蔵尊が置かれた。

なぜ、石地蔵尊であったのか。苔《こけ》むした石地蔵は、何も語らない彼の魂を弔うかのように置かれている。今も村の人びとに彼のことを思い出させ、永遠の冥福を祈るための墓標となった。

思えば、甲州の侠客にその人ありとして知られた黒駒勝蔵は、当時、清水次郎長と並ぶ天下の二大侠の一人として知られた。その後、四条鎮撫《ちんぶし》使の御親兵隊長小宮山勝蔵として、戊辰戦争で手柄を立てた。かねてよりの念願であった天朝さまへのご奉公を遂げてからは、燃える情熱のおもむくままに〝最後のご奉公〟を思い立った。だが、それは法律に触れることであったから、彼の雄大な企ては実現せずに終わってしまったのである。惜しんでも惜しみきれない思いがする。

とはいえ、彼の肉体は、はかなく消え去っても、その魂は永遠にこの世にとどまり、天朝さまの繁栄を祝うであろう。そして世界に向けて躍進する日本国の雄姿を微笑ましく眺めているであろう。

勝蔵が処刑された山崎刑場の跡地

黒駒勝蔵を弔う辞

（一）

甲州八代郡黒駒村の若宮八幡に隣接する地蔵寺に、一体の石地蔵がしょんぼりと立っている。この石地蔵こそ、四条鎮撫使《ちんぶし》の御親兵隊長であった勤王侠客《きんのうきょうかく》黒駒勝蔵の墓所である。世間の侠客の親分いずれにも立派な墓碑が建てられ、なかには堂々とした銅像さえある。しかし、勝蔵に限っては、勤王侠客の生き方を貫いたにもかかわらず、今まで墓碑らしいものが建てられてこなかった。それは、なぜか。

明治三年（一八七〇）の春、一月早々、彼は甲府一蓮寺の牢内で死が近づいた際、手を合わせてはるか故郷の黒駒の空に顔を向け、にッこりと笑って息を引き取ったという。この鮮やかな迷いのない姿に、偉大な仏教者の風格さえ備わっていたように思われるので、彼に仏縁がなかったとはいえない。

では、何故に偉大な仏教者の風格を備えていたのかというと、彼は生まれつき「信念の人」であったからであろう。いったん、無宿やくざの渡世に入り、京に上って勤王武士となるまでの彼の生き方からしても、早いうちから生死を越えた部分がうかがえ、明らかに宗教的な雰囲気がある。ただ、何をきっかけとして「信念の人」となったのか、それは彼にとって命がけの事件が起きてからのことである。

（二）

勝蔵の信念の生き方は、二〇歳の青年期からはじまった。その初々しいばかりの時期に、彼は「人間」を捨てなければならなかった。そもそも何が彼をそうさせたのであろうか。

彼は青春の見果てぬ夢にあこがれ、人生の幸福を感じていたとき、突如、二つの恐ろしい悲劇に襲われた。一つは「恋人の自殺」であり、もう一つが父の吉《きち》左《ざ》衛《え》門《もん》から言い渡された「一生の勘当」である。勝蔵は気を失うまでに魂を打ちのめされ、絶望の谷底に突き落とされた。

この二つの悲劇によって、彼は「生」か「死」かの大問題を課されたのである。素直な一青年が簡単に解決できる問題ではなかった。もし、死んでしまったら、かねてよりの念願であった天朝さまへのご奉公はできなくなる。一方、生き抜こうとすると、村人たちが「勝の野郎のざまを見ろ」と罵りわめくのだから、まるで地獄の門番から厳しい責めを受けるような思いであった。

それでは「生」か「死」か、「死」か「生」かと、何度、問い直しても、死ぬよりほかの考えは思い浮かばなかった。さりとて死ぬにも死ねず、生きるにも生きられず、途方に暮れて生死の境で立ちすくんでいた。そのとき、急に迷いが晴れて悪夢から目覚めた思いがし、これから進む

べき道筋を見出したのである。それは、

生死の身を捨てて霊に生きることである
　これよりほかに、自分の生きる道はないのだ

と、彼は深く思い定め、まっしぐらに檜峰《ひみね》神社の社殿に赴き、血をすすって決死のご奉公の誓いを立てた。それが彼にとって無宿やくざという生き方のはじまりであったのである。潔く「人間」を捨ててみると、そこには生死の悩みもなく、苦楽の別もなく、名誉と利益の迷いもなければ、愛と憎しみの感情もなかった。霊の世界に恐ろしいものは何一つなく、それまでは女々《めめ》しく悔み、泣いていた勝蔵であったが、この日からは肝がすわって何ものも恐れない勇者となって立ち上がったのである。これが二〇歳の青年であった勝蔵の生まれ変わった姿であった。その知恵のあるところ、根性のあるところは、実に驚くべきものがある。

この「悟り」の道が、以後の勝蔵の人生にはっきりと表れた。一足飛びに甲州における侠客の頂点に立ち、生き方がこれまでとは大きく変わったのである。ふだんから大刀を身に帯びて、周辺の賭場を片っ端から自身の縄張りとするなど、生と死の隣り合わせの日々を平然と過ごしていた。こうした事実からしても、勝蔵は生死の悩みを超えた「悟り」の道に入っていたといえよう。

これほどの実力をもった人物が、何故、無宿やくざに身を落としたのであろうか。これには涙ぐましい理由があった。彼は「一生の勘当」を思い出すごとに、深い後悔の気持ちが湧き起こり、自分で自分を罰するために、みずから進んで苦難の道を選んだのだという。この気持ちは、平安・鎌倉時代の武士であった遠藤盛遠《えんどうもりとお》が、のちに文覚《もんがく》という僧侶となった話とよく似ている。彼は、袈裟御前《けさごぜん》という他人の妻を愛するあまり、つい彼女を斬り殺してしまったのをきっかけとして、仏門に入って懺悔《ざんげ》の一生を送った。彼の生き方と似て、勝蔵は、自分の人格を高めるためにあえて苦行の道を選んだのである。苦行の一番の目標は、天朝さまへの献身的なご奉公である。こうした念願をするところに、彼の性格の非凡さがうかがえる。

（三）

勝蔵の気持ちと行動をたどると、彼は仏道の本質をよく理解していたように思える。『法華経《ほけきょう》』という経典には、

汝等《なんじら》皆菩薩の道を行《ぎょう》じて、まさに仏と作《な》ることを得べし（不軽品《ふきょうほん》）

とある。これは菩薩の道を行えば、誰でも仏の位に上ることができるということである。菩薩の

道とは、真の無私の心となり、世のため人のために、身を捨てて奉公の誠を尽くすことである。こうした修行を積むことで、自然と物事に恐れない心、獅子のように勇敢な心、晴れ晴れとした明るい心、何ものにも屈しない、勇気のある心が振るい起こされるのだ、というのである。勤王の精神と行動とは、この経典の文とぴったり合うではないか。彼の精神は、勤王の道のためには身を捨ててもそれを貫き通し、彼の行動は、厳しい修行のように何があっても苦難の道を歩み続けたからである。

昔の徳の高い僧侶は、身を捨てて厳しい修行に励んだ。同じように勝蔵は、刀を体に帯び、義のためであるなら、火の中・水の中へも飛び込んだ。

出家することとは、自分の家を捨て、世の人びとに道を説くのがその役目である。勝蔵は黒駒の名家の一子として生まれながら、その身を無宿やくざに変え、ひたすら奉公のために働き抜いた。

彼が子分のやくざたちを率いて天朝さまへのご奉公を果たしたのは、泥沼といわれるやくざの世界に、かねてより念願であった蓮華の花を咲かせたようなものであった。

（四）

強い信念はそのまま強い力である。信念による生活は、まったく世間から見捨てられていた勝蔵に、どのような形で強い力となって表れたであろうか。

一、戸《と》倉組《くらぐみ》の長者である堀内喜平次は、彼の決意に感激し、惜しげもなく先祖伝来の財産を投げ出して、物資の面での協力を引き受けた。この有力な後援者の出現は、勝蔵の才能というよりも、彼の信念に対する反応なのである。幸先《さいさき》のよい天の助けは、こうした彼の侠客としての出発に見受けられる。

二、荒々しく強い大親分竹居《たけい》の吃安《どもやす》は、勝蔵との初対面時に、みずから進んで兄弟分となる申し出をした。当時はまだ青二才の一やくざでしかなかった勝蔵に、敬意を表したのである。吃安との同盟関係は、喜平次の後援と影響し合いながら、勝蔵の陣営を強固なものとした。

三、敵であった勝沼《かつぬま》の大親分祐天《ゆうてん》が、中山広厳院《こうごんいん》で勝蔵と初の顔合わせをした際、彼に圧倒されて子分たちと逃げ出すという失態を演じたのは、何故であろうか。それは、勝蔵の背後に吃安が控えていたからである。それからというもの、祐天は一生にわたり黒駒に手出しをしなかった。

四、石和《いさわ》の内海代官は、最後まで一度も黒駒の本陣に踏み込むことができなかった。代官側がそれほどの遠慮をしたのは、これも吃安と勝蔵との同盟軍を恐れたからである。

五、勝蔵は天の助けに恵まれていた。清水次郎長との関係について、世間では喧嘩《けんか》相手と見なしているが、実際は、両者のあいだで深い暗黙の了解があったと思われるのである。もし、この暗黙の了解がなければ、黒駒・清水の両勢力のあいだで、どんな血みどろの大喧嘩が繰り広げられたであろうか。また、そうなると、勝蔵の上洛にも大きな影響を及ぼしたかもしれない。次郎長は子分を五〇〇人抱えていた勝蔵の実力を見逃さなかった。ここに暗黙の了解が起きる理由がある。また、幕末期に、苅屋友之進というある公家の使者が、次郎長の許を訪れた。苅屋は次郎長に対し、政情不安な情勢下であるから、さっそく京に上って仕えるように申し入れた。それに対して次郎長は、なんと回答したであろうか。小笠《おがさ》原長生《わらながなり》中将の『大豪清水次郎長』には、次の通り記されている。

誠にありがたい仰せだが、俺たちのようなガサツ者が急に仕官して武士になっても、どうせ礼儀なんかできるわけのものじゃねえ。侠客にはまた侠客としてのご奉公の道もあろう、いまさら仕官するにも当たるめぇ。云々

これは使者の苅屋に対し、不承知の旨を伝えるよう、次郎長から子分の間之助に申し渡した言葉である。これを聞いた苅屋は、無理強《むりじ》いをせずに、〝なにか事が起きた際には、く

れぐれも頼む〃と言いながら、軍刀二本に黄金五〇両（現在の約三〇〇万円）を次郎長と間之助に贈り、京に帰っていった。このように先の著書に記されている。のちに京で勤王党の旗揚げがあっても、次郎長が京に上ったという事実は伝わっていない。しかし、勝蔵は、石原幾之進《いしはらいくのしん》から来訪を受けると、すぐに快諾して同志となり、粒よりの子分たち数百名を引き連れて京に上った。彼のみが甲州やくざ出身の勤王武士として、新政府軍に参加するという光栄に浴している。天の意思は奥深く、非常に不思議なものというほかない。

六、石原幾之進という仮面をかぶった那須信吾《なすしんご》が、はるばる京から黒駒を訪れ、しかもそれが勝蔵の京行きのきっかけとなったことに対しても、天の意思がうかがえる。天の意思に従う限り、不可能も可能となる理《ことわり》がある。勝蔵が独力で一〇〇名の子分を率いて京行きを実現させたことについても、とても人間業とは思えない。彼らの旅費を計算すると、黒駒から京までの距離は約六二八キロ、日数はおよそ三〇日程度とし、さらに多少の支度金の分も加えると、今日の相場で少なくとも一万円以上（現在の約三三〇万円以上）という結果となる。さらに、途中で美濃・三河に滞在した分も含めるなら、あるいは二一～三三万円（現在の約六六〇万～一〇〇〇万円）になるかもしれない。勇ましく、そして知恵にも秀でた大親分だからこそ実現できたことである。世の中のやくざ親分のなかでは誰一人として、腕一本でこれだけの困難を実行し得るような者は存在しないであろう。ここにも彼の驚くべき信念の強さがうかがえるのである。

七、京に上ってからは、彼は順調に出世したとされる。しかし、そうなるまでには約三年の時間を費やしていた。この間、ごろごろしていた子分たち一〇〇名をどのように養っていたのであろうか。「超人勝蔵」の飛躍ぶりは想像もできないほどであった。

菩薩道を修行する者は、仏になれると約束されている。「信念の人」黒駒勝蔵に、右にみたような数々の天の助けが表れた事実からすると、これも『法華経《ほけきょう》』に、

無上の宝聚《ほうじゅ》、求めずしてみずから得たり（信解品《しんげほん》）

とあるのと同じである。「信念の人」は、おのずと天の助けに恵まれるのである。

昭和一一年（一九三六）、小笠原長生中将が、その名著『大豪清水次郎長』を編んだ際、筆者である野口青村氏を私の許に遣わされ、左の通り申し込まれた。

これまで世に出た『次郎長伝』には、決まって勝蔵が次郎長の相手役として登場している。だが、そこで描かれた勝蔵は、申し合わせたように人格が低く、強欲で非道、残忍で冷酷な人間の見本のようである。だが、当時の彼は、次郎長とともに東海の二大侠としてその名を知られ、数百名の子分を養うほどの人物であった。ふだんから多くの子分を心から付き従わせ、ときには罰を与えなければならない立場にあった。もし、親分である勝蔵の人格が低劣であれば、大勢の子分たちを押さえ付けることはできなかったはずである。このように考えると、勝蔵は従来、世間で言われてきたような人物では決してなかったのであろう。次郎長が偉い人物であったというのは、自分も若いころに直接、会ったことがあるので、よく知っている。同じように勝蔵も、世間で言われるような人格の男であるのなら、子分への示しがつくわけがない。聞くところによると、勝蔵は明治維新の際に官軍に付き従って軍功があったという。もし貴殿が勝蔵と同郷であるのなら、おそらく彼についての話をよく知っていると思われる。ついては、ぜひ、彼について教えてほしいものである。云々

右に対して、私は〝さすがに小笠原中将である〟と、その見識に敬服した。世間の浪曲師や講談師は、おもしろ半分に嘘八百を並べ立て、一方を誉め、他方を悪くけなせばそれでよいというのが普通である。ところが、同中将の名前を冠して発表する著作に、こうした無責任な記載がな

されるはずがない。このとき、私は知っている限りのことを野口氏に語った。その結果として、同中将が「相当の自信をもっている」と発表された『大豪清水次郎長』のなかには、勝蔵関係の記載が約八〇頁分もあるのである。とくに勝蔵の人格について、

たしかに勝蔵は、頭もよかったし、度胸もあり、腕っぷしも強かった。また、親分としての包容力も大きかった。云々

勝蔵はよく村のために尽くしていた。だから黒駒の村人は、彼の徳をいたく尊敬していたのであった。その点に、彼という人間の素質の一面を推し量ることができようと思う。云々

勝蔵は、不正を極度に憎むとともに、侠客の荒っぽさに似合わない寛容な、そして礼儀深い一面があった。云々

と述べる。そして、大勢いた子分のなかには悪い者もいて、その者の犯した行動が親分である勝蔵の悪評につながってしまったらしい、と解釈する。そのうえで、

勝蔵は、一種の義人であったとさえ考えられていた。云々

と結論づけるのである。同書において勝蔵に関する記載には、彼の本質に触れ得ていない部分も存在する。だが、小笠原中将は勝蔵の人格をよく見抜いており、それだけでも同書は、世の浪曲師や講談師によって創られた間違った人物像を正すのに十分であると思う。

（五）

前記の通り、勝蔵は天の助けに恵まれ、そのおかげで勤王の念願も果たした。それでも、日常的には、なお、なにかしら満ち足りず、心から何かを楽しめないような感じであった。明治二年（一八六九）の春、凛々《りり》しい武家姿で黒駒に凱旋《がいせん》した際も、村人たちがはやし立てるのに対し、彼は晴れ晴れとした笑みを表情に浮かべることはなかったという。

それは、何故か。おそらく「一生の勘当」によると思われる。これによって彼は生命の続く限り、みずからを罰し続けなければならないとの思いに囚われていた。しかも、両親を病気で亡くしたあとであったので、いくら輝かしい武功を挙げて故郷に帰ってきても、この世では、父親から直接に赦《ゆる》される望みを失ってしまったのである。彼が最後に決死の覚悟で「最後のご奉公」を思い立ったのも、その動機の一つは、「一生の勘当」という生涯の痛みを早く清算したかったたか

らではないか。しかもその企てはついに実現されず、甲府一蓮寺の牢屋に送られ、あえなく病気のため死期を早めた。

その死に際しては、落ち着き払い、偉大な仏道の修行者のような風格が漂っていたとされる。これはつまり「一生の勘当」が、死によって清算される瞬間がきたからである。こうして心静かに永遠の眠りについた彼の心中の思いこそ、なんと痛ましいことではないか。

彼の生涯を振り返ると、「勘当の赦し」を祈りながら「ご奉公」を心がけ続けた四二年の生涯は、厳しすぎるほどの一つの「人間戦史」と呼ぶにふさわしかった。彼の生き方はそのまま戦いの歴史であった。人生の最期までみずからを罰し続けるという覚悟で臨んだ。この責任感は気高く、また、勇ましく戦い抜く精神に満ちている。まことに日本人らしい生き方で、まさに大侠の名に背かないといえる。

私は最後に、勝蔵の生涯の後見者であった黒駒戸倉組の長老堀内喜平次について、付言しなければならない。勝蔵を男にしたのは、なんといっても喜平次に違いないからである。

現存している黒駒の称願寺の過去帳によれば、

勝蔵の戒名は「松岳院安阿快楽居士」

喜平次の戒名は「蓮生院真阿快楽居士」

とあり、両名ともに揃《そろ》って「快楽居士」で、人生の浮き沈みにくよくよしないとの思いが込められ、しかもお互いの親交がどんなに深かったかをうかがわせる。

黒駒の勤王党を築くにあたり、両名が果たした役割は、勝蔵は身命を、喜平次はいっさいの財産を投げ捨てたことにあった。勝蔵の財布はいつも空であったにもかかわらず、五〇〇人の子分を抱えられたのは、物資の面倒を喜平次が引き受けたからである。ここに喜平次の大きな貢献がある。これで勝蔵が生涯にわたって正しく強く生きられた理由がよくわかるであろう。勝蔵を京に上らせてからあと、喜平次は世を捨てたように近くの荒屋《あばらや》にその身を寄せていた。そして、明治一五年（一八八二）七月二九日、六〇歳で生涯を閉じた。死期に際し、笑って死んだと伝えられている。三代のあいだは寝て暮らせるほどの財産をもっていたにもかかわらず、遺産がまったくなかったのは、勝蔵のため、すなわち、ご奉公のためにすっかり使い果たしてしまったからである。気持ちがさッぱりとし、少しも金銭欲がなく、大義のためにはすべてのものを捧《ささ》げ、真実を貫き通したのが喜平次の性格であった。これは勝蔵のそれと瓜二つであった。

勝蔵は黒駒伝統の勤王精神を生かしながら、行動という形で具現化し、喜平次はそれに感動して彼と盟約を結んだ。共に協力し合い、自身を捨てて天朝さまへのご奉公に全力で尽くした生き方は、称賛されるべきものがある。世間では往々にして勝蔵を誤解することがある。だが、彼の人格がいかに尊敬に値し、信頼されていたか、という点については、本書において十分に述べ得たと思う。この一つの『勝蔵伝』によって彼の名誉を挽回することができたのであれば、私のかねてよりの念願は十分に叶《かな》ったことになる。

安政（一八五四～六〇）以来、数多くの勤王の志士は明治維新の実現をその目で見ることなく、幕府の弾圧などにより処刑されてしまった。しかし、勝蔵の場合は、無宿のやくざから身を立てながらも、鎮撫《ちんぶし》使の御親兵隊長にまで出世した。明治時代に入ってから、なお、生きながらえてのち、死を迎えることができた。この意味において、天朝さまのご恩の果てしのないありがたさに対し、黒駒勝蔵は感泣《かんきゅう》すべきである。

昭和一八年（一九四三）四月八日

甲州黒駒地蔵寺の一角に名残を
留める大侠勝蔵の霊を弔いつつ
堀内良平
しるす

『勤王侠客　黒駒勝蔵』解説

東京女子大学

髙橋　修

一、堀内良平と『勤王侠客 黒駒勝蔵』執筆の背景

著者、堀内良平について

近代日本を代表するジャーナリスト・歴史家の一人である徳富蘇峰《とくとみそほう》（一八六三～一九五七）は、堀内良平《ほりうちりようへい》（一八七〇～一九四四）の思い出を次のように述べている。

堀内君はしばしば私に「我が家は浪花節で有名な黒駒勝蔵と同郷です」と語り、あるとき、富士吉田から八号線を経て甲府に向かった際にも、山村のかなたを指しながら「あの辺が私の生家です」と話したことを覚えている。恐らく堀内君は甲州人であることを誇りに思っていた一人なのであろう。

（植村嘉三郎監修『甲斐の黒駒　堀内良平伝』財団法人富士国立公園施設協会、

一九五四年、序一頁、現代語に訳した）

『勤王侠客《きんのうきょうかく》　黒駒勝蔵』（以下、この原書を指すときは「原著」と表記）の著者である堀内良平は、明治三年（一八七〇）に黒駒勝蔵と同郷の上黒駒村（現、山梨県笛吹市御坂《みさか》町）に生まれた。その後、近代山梨を代表する政治家・財界人となったのは周知の事柄であろう。

政治家としては、山梨県議会議員、山梨県選出の衆議院議員を歴任し、県政・国政に重きをなした。また、実業家としての活動は、上京当初に報知新聞記者として財界人との関係を築いたのを皮切りに、鉄道事業と観光地開発に着手した。中央線と東海道線を結ぶ富士身延鉄道（現、JR身延線）、富士山麓電気鉄道（現、富士急行線）の開通・経営に尽力。観光地開発については、とくに富士山麓《さんろく》の開発に力を入れ、別荘地、ホテル、ゴルフ場開発などに関わる。東京乗合自動車株式会社（都営バスの前身）・富士身延鉄道株式会社・日本観光株式会社・富士山麓電気鉄道株式会社などの社長を務めた。

『勤王侠客　黒駒勝蔵』執筆の背景

政財界人として多忙を極めるかたわら、堀内良平《ほりうちりょうへい》は文筆活動にも力を入れていた。深く帰依していた日蓮の伝記『勤皇の聖者日蓮』（安国協会、一九二八年）、『皇道と日蓮』（文昭社、一九四一年)をはじめ、『山藍新説』(有隣堂、一八九七年)、『幕末の偉人江川太郎左衛門』(一九〇五年)、『聖母河畔の十六年』(一九二六年) などの編著作を発表した。その関心・テーマは多岐にわたるが、なかでも同郷の歴史的人物である黒駒勝蔵を顕彰することこそ、堀内良平にとって生涯を貫く重要な主題であった。そこに甲州人としての矜持《きょうじ》を抱いていたのは、徳富蘇峰の思い出にて描写された通りである。

こうした使命感を抱きながら、折に触れて関連資料を博捜し、数十年以上の時間をかけて精力を注入した結果をとりまとめたのが「原著」である。発刊した昭和一八年(一九四三)は、堀内良平が死去する前年にあたっていたことから、まさに彼の人生にとっての集大成であり、鉄道・交通・観光事業と並ぶもう一つのライフワークともいえよう。「原著」の成立・執筆意図について、堀内良平自身は次のように語っている。

私の村から、黒駒の勝蔵と云う立派な侠客が出ている。然《しか》るにこの勝蔵は、何時でも、清水港の次郎長の仇役《かたきやく》に引出されているところから、世間では真相も知らず、悪《あ》しざまに言われている。だから私は平素勝蔵を気の毒に思つていた。いつか折があつたらこの郷里の先輩、勝蔵の冤《ぬれぎぬ》を雪《そそ》いでやり度《た》い念願を抱いていたが、沢山の会社に関係して居り、代議士にも推されていたから、身辺が多忙で、その機会がなかつた。大正十四、五年のころ、都新聞の松《まつ》田竹《だたけ》の島人《しまびと》に依頼して、勝蔵正伝の一部を執筆して貰つたことがあつた。晩年、小閑を得たので、子母澤寛《しもざわかん》、山崎照道、堀越宏好君等に手伝つて貰つて、色々資料を調査していたら、偶々《たまたま》自分が世話していた郷里黒駒村の神官武藤家から、武藤外記《むとうげき》と云う人の書いた幕末混乱時代、京都滞在中の「旅日記」が現われ、その中に勝蔵が、御親兵隊々長に出世して、武藤外記を宿舎に訪問したこと、その他勝蔵に関する色々のことが書いてあつた。勝蔵がこのように、天朝様に忠義を尽した確証を掴《つか》むことが出来たので、私は意を決して「勤王侠客《きんのうきょうかく》黒駒勝蔵」伝を書いた次第である。（中略）

勝蔵が勤王精神に燃える侠客であつたことが明瞭になつた以上、勝蔵こそは、日本一の勤王大侠客とされてよい。私はこの点を本書の中で強調して置いた。

（『甲斐の黒駒　堀内良平伝』二六五〜六頁、一部にルビを付加した。以下同）

「原著」序文および右の内容をまとめると、従来、黒駒勝蔵については清水次郎長の敵役として紹介されることが多く、勝蔵を主役とした著作がないことを堀内良平は遺憾としていた。そこで、自身が長年集めてきた資料・情報を小説家の松田竹嶼《まつだちくしょ》（松田竹の島人）に提供するとともに、勝蔵について調査を依頼した。その成果は大正一三年（一九二四）から「黒駒の勝蔵」と題して「都新聞」に連載小説という形で発表された。その後、この小説は『大衆文学全集』一三・一四（平凡社、一九二八・三〇年）に全文収載された。

だが、この段階では資料不足などの理由により、勝蔵の京都滞在期間中の事跡が不明であった。そこで、小説家の子母澤寛らに対して、さらなる資料収集・調査を委嘱した。その結果、檜峰《ひみね》神社神主を世襲していた武藤家資料のなかから重要な資料を見つけ出し、勝蔵は「勤王侠客」であったとの確証を得、この自説を世に問うために満を持して発表したのが「原著」というわけである。

『勤王侠客 黒駒勝蔵』の書誌情報

「原著」についての書誌情報は次の通りである。

・書名・著者名　『勤王侠客《きんのうきょうかく》 黒駒勝蔵』浩庵《こうあん》 堀内《ほりうち》良平《りょうへい》著（「浩庵」は堀内良平の号である）
・出版・出版年　軍事界社・昭和一八年（一九四三）八月一〇日発行
・寸法　一八・一×一二・七センチ（タテ×ヨコ）（B6サイズ）。本文二八五頁
・定価　一円八八銭（現在の約六二〇円）
・口絵　次に挙げる絵・写真類が掲載されている。

①本田《ほんだ》穆堂《ぼくどう》筆による御親兵隊隊長としての馬上姿の勝蔵を描いた絵の写真。管見の限り、この絵の現物の所在は不明である。今後の発見が待たれる。

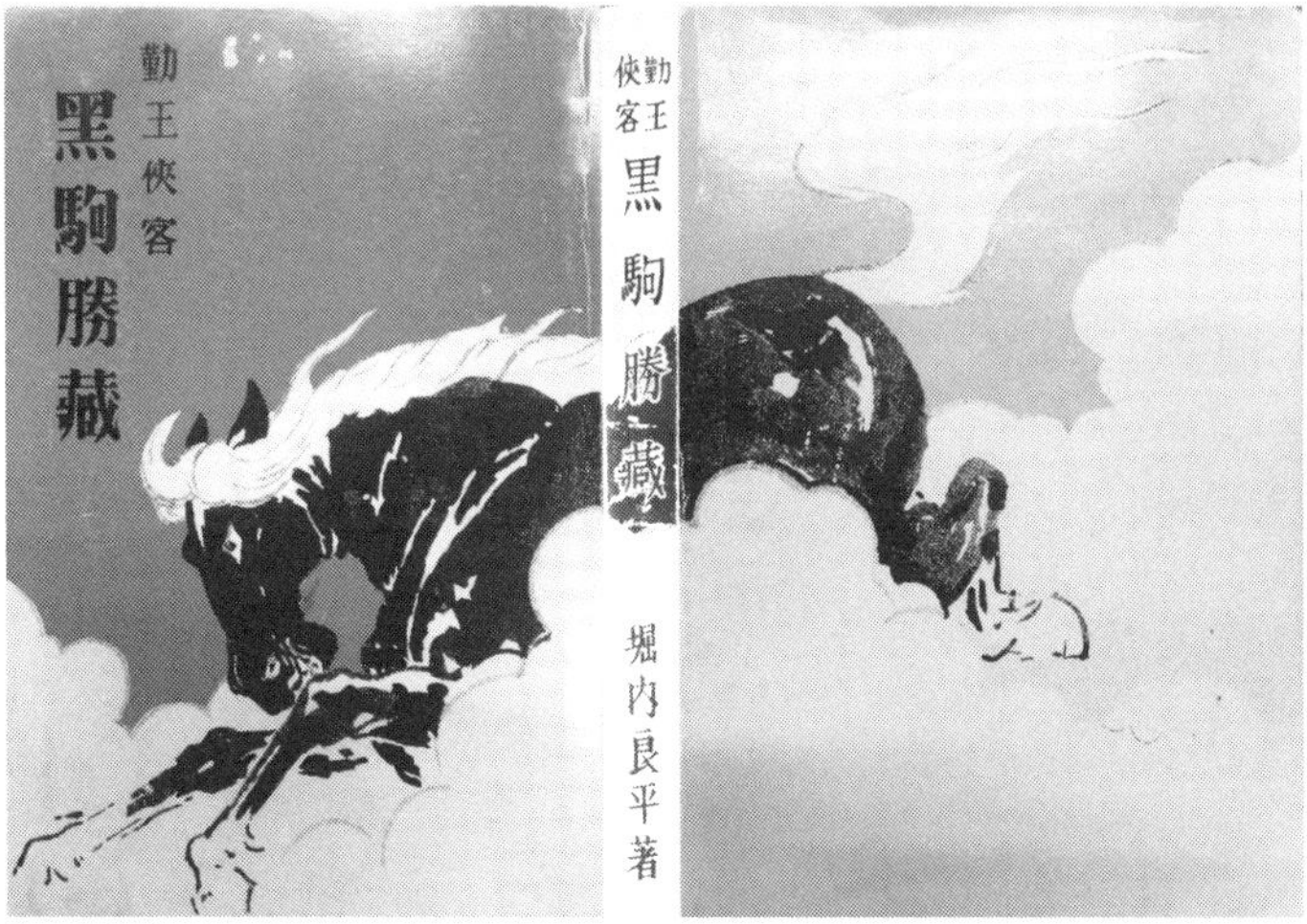

「原著」書影　表紙・背表紙・裏表紙をつないだ。

②檜峰《ひみね》神社拝殿の写真。
③勝蔵の遺骸を埋葬した箇所に目印として置かれた石地蔵写真。
④勝蔵が滞在していた戸倉組《とくらぐみ》の写真。
⑤吃安《どもやす》が捕縛された五里原《ごりはら》の写真。
⑥慶応四年（一八六八）に、勝蔵が京都で檜峰神社の武藤神主に面会したことを記した『公用社用留日記』の表紙および該当記述箇所の写真。管見の限り、当該資料の現物の所在は不明である。今後の発見が待たれる。
⑦『甲州黒駒勝蔵評判くどき』（上・下）の内容写真。本資料については本書二〇七～二一〇頁に掲載。
・表紙　本田穆堂画による黒駒の絵（上の写真）。表紙・背表紙・裏表紙をつなぎ合わせると、「奔馬、空を行く」がごとき絵とな

る装丁・趣向であり、「勤王侠客」としての黒駒勝蔵のイメージにふさわしい。

なお、「原著」は漢語が多用されたリズミカルな文体である。本書における現代語訳ではその趣が失われ、また、文意そのものを損ねているのを恐れる。本書をきっかけとして「原著」にも当たっていただきたい。

二、『勤王侠客 黒駒勝蔵』の意義

黒駒勝蔵の研究史と「原著」

講談・小説などのフィクションを除き、「原著」が公刊された当時は黒駒勝蔵を主題とした研究はなく、清水次郎長の敵役という視点から断片的に触れられる程度であった。こうした状況下にあって「原著」は地元古老たちから聞き書き調査を行い、関連文献類を渉猟《しょうりょう》して彼の生涯を描いた初の本格評伝である。まさに黒駒勝蔵研究の原点といえよう。

その後、勝蔵に関する研究を大きく飛躍させる一因となったのが、戦後の「府県史料」への注目である。これは明治政府が全国的に県史編纂を命じ、それを受けて各府県から提出されたものである。このなかに黒駒勝蔵を処刑するにあたって作成された吟味書および彼の供述調書（「口供書」と呼ばれる）が収められている。公的機関によって作成され、また勝蔵自身がその半生を語ったものという意味で信用性が高く、まさに勝蔵研究の根本資料である。

当該資料は全文『山梨県史』二（一九五九年）に掲載されたことで、広く活用されることとなった。本書二九七頁掲出の勝蔵に関する参考文献リストの諸論をはじめとし、本書三〇〇頁掲出の「黒駒勝蔵関連年表」でも典拠として用いている。

この年表では、上側に「史実上の勝蔵に関する出来事と当時の世相」として「口供書」などに基づく史実・事実を記し、下側に「『原著』での勝蔵に関する出来事」として「原著」に基づく内容を記した。両者を比較対照すれば明らかな通り、勝蔵の生没年という基本的情報からしても相違がみられる。本書では一八二九～七〇年で享年四二歳とされていたのが、「口供書」によって一八三二～七一年で享年四〇歳であることが判明した。ほかにもさまざまな事件や出来事について、年代上の差異が存在する。

その後も新資料の発見が相次ぎ、現在でも勝蔵研究は塗り替えられつつある。一方で「原著」の有する最大の特徴は、勝蔵と同時代を生きた人に直接、聞き取り調査を行った点にある。これは現在では絶対になし得ず、その意味で「原著」は今後も不滅の価値を有する書として参照され続けるであろう。

勝蔵を支えた人びと

とりわけ類書にはない「原著」独自の内容として注目されるのが、上黒駒村において勝蔵を支えた人びとについての記載である。清水次郎長（一八二〇～九三）よりも一〇歳以上年下の勝蔵が、彼と互角の勢力を築き得たのは、第一に、その人間性や才覚といった個人的資質に因るであろう。これが重要なのは無論であるが、加えて彼を支援する人が村内に存在していたという事実も見逃せない。

その代表例として、堀内喜平次という人物が挙げられる。「原著」では、彼との水魚の交わりのごとき交流が印象深く描写され、勝蔵の生涯において重要な役割を果たしたことがわかる。

従来、喜平次については本格的に研究がなされてこなかったが、本稿執筆にあたり「ひみね地域活性化推進協議会」メンバーの協力を得て調査を行ったところ、関連資料の存在が明らかとなった。

まず、堀内喜平次のご子孫から同家の過去帳についてご教示いただき、彼の戒名が本書二五四頁の記載通りであることが確認された。勝蔵と同様に「快楽」という語句があり、これは称願寺の檀家のなかでも格式の高い事例とのことである。

明治十五年七月二十九日　寂日

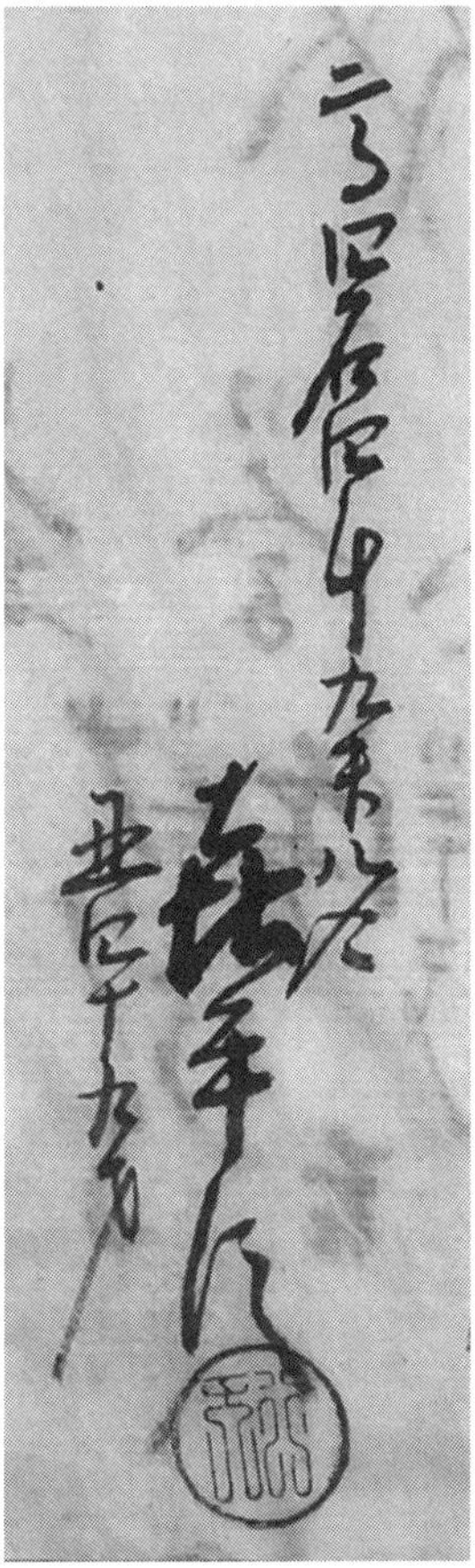

「元治２年時宗人別帳（上黒駒区有文書）」（山梨県立博物館蔵　歴 2005-010-000007）における堀内喜平次についての記載

蓮生院真阿快楽居士

享年は六〇歳であり、逆算すると文政六年（一八二三）誕生で、勝蔵より九歳年長となる。また、「元治2年時宗人別帳（上黒駒区有文書）」（山梨県立博物館蔵）には、次の通り記されている（右の写真）。

高四石四斗九升八合
喜平次（黒印）
丑四十九才

喜平次の屋敷地跡

右に続けて彼の家族が記され、妻および二人の子ども（男子一人・女子一人）の四人家族であることが判明する。右肩部の記載から、彼の所持石高は四石四斗九升八合である。

左側に「丑四十九才」とあり、本資料が作成された元治二年（一八六五）丑年《うしどし》に四九歳であるから、この資料に基づくなら彼の生年は文化一四年（一八一七）誕生で、勝蔵より一五歳年長となる。明治一五年死去であれば、享年六六歳である。本書七二頁の記載では勝蔵二〇歳の旗揚げ当時、喜平次は三一、二歳とあるので、右の二つの資料の中間ぐらいの年齢差となる。いずれにせよ、勝蔵よりひと回り近く年長である点では共通し、彼のよき相談者であったろう。

喜平次の居住地跡は現存しており、本書二〇頁でも描写される通り、立派な石垣に囲われ、さながら城郭のような雰囲気を漂わせている（二六九頁写真）。

隣地には五兵衛という人物の屋敷があり、そこでは勝蔵の子分が宿営していたことが本書七五頁に記されている。彼も勝蔵を支えた人物の一人であり、その存在も前掲「元治2年時宗人別帳」にて確認された。

高壱石七斗四升五合弐夕

五兵衛（黒印）

丑三十一才

彼の家族構成は、妻・母・弟・妹の五人家族で、さらに馬一疋《ひき》を所有し、所持石高は一石七斗四升五合二夕である。年齢からすると、生年は天保六年（一八三五）で勝蔵より三歳下である。

彼の名は勝蔵に関わる別の資料にも登場する。それは、元治元年（一八六四）甲府長禅寺代官加藤余十郎が当時における黒駒近辺の情勢を探索した結果をまとめたものである。次に該当箇所を現代語訳して紹介する（本資料の全文は本書二九八頁文献⑧三七頁に掲載）。

甲斐国代官増田安兵衛さまが管轄している八代郡上黒駒村字若宮というところで、博徒たちが徒党を組み、さらに浪士も加わって、甲冑《かっちゅう》や武器を用意し、甲府城を狙っているように見受けられる。そのうえ、去年末に彼らは内々で代官にも目通りをし、それ以後、ますます増長している。このため、一般庶民は動揺し、少しの間も心の休まる時はない。さらに万一、甲府城が彼らに奪取されたのであれば、四方は高い山々に囲まれ、もちろん食料や金銭も十分にあるので、たいへん恐るべき事態となる。深刻な情勢となる前に、彼らへの対策を速やかに講じるならば、鎮圧することができるであろう。国家のため、なにとぞご検討願いたい。

彼ら悪党の名前は左の通りである。

（以下、黒駒勝蔵および子分二名の名前が挙げられている）

赤鬼金平《あかおにのきんぺい》は伊豆国賀茂郡下田本郷村出身の大悪党である。彼の子分の人数は不明ではあるが、およそ三、四〇〇人は存在し、これに加え、浪士たちとの交流もある。彼らが出入りするのは次の両所である。

上黒駒村百姓　又次郎・同戸倉　百姓　五兵衛

上黒駒村百姓の又次郎・五兵衛の下には、赤鬼金平の配下三、四〇〇人をはじめ浪士たちが出入りし、なおかつ、彼らは勝蔵と共謀して甲府城奪取を企てる動きがあったというのである。赤鬼金平は、本書一〇九頁などでもたびたび登場する伊豆を拠点とした博徒で、勝蔵と同盟関係を結んでいた。
右の資料で「五兵衛」と併記されている「又次郎」に関しても、関連資料が存在する。「元治2年臨済宗人別帳（上黒駒区有文書）」（山梨県立博物館蔵）には、次の通り記されている。

高壱石壱斗九升七合九夕
又次郎（黒印）
丑四十八才

彼の家族構成は、妻および子ども三人（男子二人・女子一人）の五人家族で、所持石高は一石一斗九升七合九夕で、五兵衛とほぼ同じである。年齢からすると、生年は文政元年（一八一八）で、勝蔵より一四歳年長となり、喜平次とほぼ同世代である。彼についてはまた、勝蔵の潜伏先に関する情報を上黒駒村にもたらした事実も確認されている（本書二九八頁文献⑦参照）。勝蔵が駿河国吉原の博徒宮島年蔵の許に滞在していた折のことだが、この点からしても又次郎は勝蔵と深い関係にあり、また駿河・伊豆方面の博徒とも日常的に交流していたことがうかがえる。

勝蔵を育んだ上黒駒村の実相

以上、勝蔵を支えた喜平次・五兵衛・又次郎の関連資料を紹介したが、彼らに共通するのは、その所持石高が決して高くないことである。左の表は、彼らが居住する上黒駒村上組の元治二年（一八六五）における持高構成を一覧化したものである。同村村民をいわば所持財産高の順に分類化したもので、この表からは上層と下層の階層分化の著しいことがまずは読み解ける。一〇石以上を所持している上層の百姓は一三軒で村落全体のわずか一三・七％であるのに対し、わずか一石以下の下層民は五八人で村落全体の六一・一％も占めているのである。

元治２年（1865）上黒駒上組における持高構成

所持石高	軒数(軒)	村全体における割合(%)
10石以上	13	13.7
5～9石	5	5.3
4石	8	8.4
3石	4	4.2
2石	7	7.4
1石	17	17.9
1石未満	41	43.2
総計	95	100.0

※山梨県立博物館所蔵「上黒駒区有文書」元治２年の人別帳（歴 2005-010-000005·6·9·10）より作成

表によれば、五兵衛・又次郎は共に下層に属し、喜平次は村内では上位約三〇パーセント以内に入るものの平均程度の石高であり、本書七二頁で描写された「戸倉組《とくらぐみ》生え抜きの富裕者」「三代分が寝て暮らせるほど」の財産家というにはほど遠い。

だが、それは石高を基準とした見方である。近世社会は石高という米の生産量を基準に社会を編成し、大名から庶民までを格付けする仕組みで成り立っていた。いわば支配の仕組みのための一種のフィクションである。

では、その実像はどのようなものであったのか。勝蔵や彼の支援者が居住した上黒駒村は甲府盆地の東側、御坂《みさか》山地の麓《ふもと》と山中にまたがって位置する山村である。同村の村明細帳には「男ハ山稼、女ハ木綿稼蚕等仕候」(『御坂町誌』四〇三頁)とあり、広大な山林に囲まれた地の利を生かした生業が営まれていたことがわかる。幕末期に喜平次は、神座山《じんざさん》の一部を所持していたことが資料から確認され(『御坂町誌史料編』四二八頁)、山林からの用益、薪炭《しんたん》や材木販売などにより、相当程度の現金収入があったと考えられるのである。

御坂山地は甲府盆地東南部を潤す金川《かねがわ》の水元でもあり、周辺村落の入会山《いりあいやま》である黒駒山を抱えることから、周辺農村に大きな影響を及ぼし、また、それらの利用などをめぐって争論も多発していた。実力行使が日常化すれば、おのずと荒々しい気風が醸成され、このような若者が勝蔵の周囲に集うことは容易に推測されよう。

また、上黒駒村は甲府盆地と駿河方面を結ぶ鎌倉往還沿いに位置した宿駅で、三島・沼津・小田原方面への人馬継立《つぎたて》所であり、古くから交通の要衝として栄えていた。慶応四年(一八六八)二月の同村の様子について、「郷裡歳月禄《きょうりさいげつろく》」には次の通り記されている(『御坂町誌』七五七頁、現代語訳)。

この頃世情は不穏なことから、沼津・小田原から甲府城へ政治状況を知らせる人の往来が数多く、昼夜を問わないほどであった。それに加え、諸大名の家臣や浪士たちの往来も以前の百倍にも増したことから、人馬継ぎ送りの賃銭が高騰し、困った状態にある。

東海道と甲府盆地を結ぶ交通・流通経済上の要衝であることから、駿河・伊豆方面とのつながりが日常的であった。五兵衛は馬一疋《ひき》を所持していたので、人馬継ぎ送りが大きな収入源となっていたと考えられる。あわせて、日常的に東海方面の政治・経済・社会情報を入手しやすい立場にあったであろう。

勝蔵を支援する人びとは、石高という基準では零細農に位置づけられるが、その実態は大きく異なることがみえてくる。上黒駒村はその地理的条件を生かし、莫大な金銭の動く経済的に豊かな場所であった。貨幣経済が浸透した地域にあって、山村から生み出される富により、喜平次・五兵衛・又次郎たちは相当程度の現金収入があったと目されるのである。

これらを間接的に証明する事実として、今から約一〇年前に、喜平次・五兵衛の屋敷跡付近から文政小判が発掘されたことが挙げられる。側溝工事の際に発見されたもので、所有者からは「昔、この付近では博徒が大勢集まり、賭場が開かれていた」との伝承が、また地元では「勝蔵がよく出入りをしていた家が付近にあった」との伝承があったことをご教示いただいた（所有者からの許可に基づき記載）。

先に挙げた二七三頁の表のイメージとは裏腹に、一見すると零細民と思える彼らこそ、人的にも、物質的にも、情報的にも、豊かな資源・富を獲得していたことが歴史の実像として浮かび上がってくるのである。彼らは、甲府城奪取の主体として噂されるほどの政治意識を高め、全国の浪士や博徒を支えた。明治維新という歴史の大転換は彼らなしには成立せず、換言すれば、歴史を動かす原動力の役割を果たしていたといえよう。

彼らを育んだ上黒駒村という地は、他国との出入りのしやすさに加え、その背後には広大な山林地帯が控えていたので、博徒や浪士たちの潜伏には絶好の場所であった。そうであるからこそ、多数の浪士や数百名の博徒が彼らの許を訪れたのである。政治・経済に関する最新の情報が集積しやすい条件にもあり、なおかつ、神座山《じんざさん》の武藤神主のような尊王思想を鼓吹する人物がいたという事実も見逃せない。武藤外記《むとうげき》・藤太《とうた》父子については、坂名井深三著・髙橋修校注『武藤外記昌通――梁山泊・黒駒（完全翻刻）』（ひみね地域活性化推進協議会、二〇二一年予定）に詳細を記したので、あわせて参照されたい。

「勤王侠客《きんのうきょうかく》」としての黒駒勝蔵が誕生した背景は、彼を支援する喜平次のような存在があり、加えて上黒駒村の歴史地理的条件に規定されてのことといえよう。従来の研究では、村役人や豪農たちをはじめとする地域社会の有力者に光が当てられ、その歴史的役割が論じられる傾向にあった。彼らは当時の社会の仕組みのなかで「公」を体現する立場にあり、数多くの書類を作成する立場でもあった。歴史学ではこれらを古文書資料として活用したために、二七三頁の表における「零細民」（実態は異なる）の日常活動は研究の対象から外されがちとなってしまったのである。

だが実際には書類を作成しない、あるいはそこに登場しない人物も、地域社会の形成に大きく関わっていた。具体的には、喜平次・五兵衛・又次郎のような人びとである。いずれも無宿人ではなく、普通の百姓民である。彼らのような人物たちの動向、すなわち「公」から外れた非公式の世界について、その詳細を解明することが地域社会史を豊かにするうえで必要な作業となろう。

博徒研究にあっても、これまでは博徒間の抗争、派手な斬り合いを中心に論じられてきた。だが、そうした活動の背後には地元住民からの有形・無形の支援があり、彼らの存在なくしては博徒史を語ることはできない。

「原著」は、地元に残されていた右のような記憶を現在に伝えてくれる貴重な証言者の役割を果たしているのである。

三、『勤王侠客　黒駒勝蔵』の課題と留意点

「原著」の性格

「原著」には、これまで注目されていなかった新事実の数々が記載されていたことから、注目を集めた。また、実際に当時から評判のよかったことが、堀内良平《ほりうちりようへい》自身によって語られている。

果たして本書に対しては、意外な賞賛が寄せられ、私の著書中「第一の出来だ」などと本気に褒《ほ》めて呉《く》れるものもあつた。然《しか》し私としては単なる随筆程度の作である。本書執筆に際し、堀越宏好君が霊能者を（霊媒）利用して勝蔵の霊魂を呼び出し、私と対談させて呉れたことは、実に不思議でもあり、また本書執筆上非常に参考になつたことは、忘れがたい思い出でもある。

（『甲斐の黒駒　堀内良平伝』二六六頁）

このように、好評をもって迎えられた「原著」であったが、一方で留意点もある。それは、霊能者によって勝蔵の霊魂を呼び出してもらい、その対談内容を著述に反映させたとある通り、必ずしも事実とフィクションの区別を厳密に行って執筆されたものではないことである。この意味で、堀内良平自身が「随筆」と位置づけるように、「原著」は事実を基に、彼の思想や願望が反映されたものと捉えるべきであろう。

本問題についてとりわけ重要なのは次の二点であり、この部分こそ「原著」序文にもある通り、精力を傾注して執筆された箇所である。具体的には「那須信吾《なすしんご》が勝蔵と面会するために甲州を訪問したこと」、「勝蔵の捕縛理由・死去の真相」についてである。

那須信吾が勝蔵面会のために甲州へ

前節でも述べた通り、幕末期における黒駒村は、さまざまな浪士たちが出入りする地であった。戊辰戦争時に東海道鎮撫《ちんぶ》総督を任命された橋本実梁《はしもとさねやな》（一八三四〜八五）の『橋本実梁陣中日記』明治元年（一八六八）三月七日条には、勝蔵の居住する神座山《じんざさん》一帯について、次の通り記録されている（本書二九七頁文献②）。

「神座山住居　武藤外記　同倅藤太　同人共宅ニ浪士其外潜居人五十人位常ニ有之候よし」

「俗名　黒ゴマ郷勝　博奕人　同人手下凡弐百人」

とあり、新政府軍にとっても無視できないほどの勢力が当該地域に盤踞《ばんきょ》し、多数の浪士たちが出入りしていた。

こうした歴史的背景を念頭におけば、本書一五六頁での長助老人による当時の記憶、すなわち文久二年（一八六二）六月ごろに「石原」と名乗る武士が上黒駒村を訪れた、という話もある程度は事実であったと認められる。だが、「石原」と名乗る人物について、「原著」が指摘する通り、それが石原幾之進《いしはらいくのしん》、すなわち那須信吾《なすしんご》と断定するにはなお躊躇《ちゅうちょ》を覚える。

というのも、那須信吾の甥である田中光顕《たなかみつあき》自身が、その著『維新風雲回顧録』（河出文庫、一九九〇年、原著は一九二八年、四四頁）にて記すところによれば、右の話があった翌年の文久三年春ごろに彼は上洛し、薩摩藩邸に潜伏していた叔父の那須信吾にしばしば面会していたというのである。そうであるなら前年の甲州行という大事件が両者のあいだで話題に上らなかったというのは不自然である。浪士の暗殺が日常茶飯事であった当時の状況からすれば、那須信吾は基本的には薩摩藩邸に潜伏する日々を送り、他国まで遠出することは不可能であったというのが実際のところであろう。

では、なぜ田中光顕は堀内良平《ほりうちりょうへい》の説を正しいと認めたのであろうか。真相は不明ながら、考察の糸口として、大正一五年（一九二六）堀内良平が田中邸を訪問した際（本書一七二頁）、徳富《とくとみ》蘇峰《そほう》への助力を依頼された事実が挙げられる。当時、徳富はその著『近世日本国民史』刊行のための資金繰りに悩んでおり、知己の関係にあった田中光顕に相談をしていた。田中伯は徳富のために資金調達を堀内に要請した。堀内良平はこれに応え、甲州財閥の一人である根津嘉一郎《ねづかいちろう》の協力を取り付け、徳富の著書刊行を実現させたのである。大正一五年の堀内・田中の面会は、結果的に双方の「願望」を叶《かな》え、両者に利益をもたらした。右の問題を考えるうえで、重要な事実であろう（本書二九八頁文献⑧）。

ともあれ、「原著」における那須信吾の甲州訪問の件は、歴史的事実と捉えるよりも、そこに込められた堀内良平の意図をこそ探るべきである。

「原著」によれば、勝蔵が上洛をめざす直接の契機となったのは、文久二年の那須信吾の甲州訪問であり、翌文久三年に上洛が実行されたことになっている。ここで注目されるのは、本書一六五～一六六頁で「那須信吾と勝蔵との関係」を文久三年に勃発した天誅組《てんちゅうぐみ》の変への関わりに見いだしたことである。

天誅組の変とは、公家の中山忠光《なかやまただみつ》を中心に、尊王攘夷派の浪士たちが「天誅組」を結成して引き起こした挙兵事件である。一般の一揆とは異なり、公家を中心に武力行動を起こしたこと、また大和国五条代官所を襲撃するなど、明確に反幕府を目的に掲げたことから、明治維新の先駆けとしてのちの時代に顕彰されている。

つまり、那須信吾が甲州を訪問した目的は、天誅組の変（もしくはそれに近い活動）への参加を促すためであり、勝蔵が文久三年に上洛しようとしたのは、これらの活動に関係、もしくは同様の行動を起こすことにあった。

一般的に明治維新は、薩長土肥の西南雄藩によって成し遂げられたとされる。維新の元勲は皆、そのいずれかを出身とし、彼らを中心に近代日本の基本的な仕組みが形づくられた。換言すれば、明治維新の立役者こそが近代日本を形づくった偉人ということになる。

堀内良平が「原著」を通して訴えたかったのは、明治維新の真の功労者とは彼らだけでなく、実は黒駒勝蔵もそれに加えるべきであり、また、彼という侠客を生み、育んだ山梨も明治維新の発祥の地として位置づけようとしたことにある。なぜなら、天誅組の変が明治維新の先駆けともいうべき「義挙」であるのならば、それに関係した人物も維新の元勲と同等の功績を有することになるからである。この考えを成立させるために「原著」では、長助老人の語る「石原」と名乗る武士を「石原幾之進＝那須信吾」と結びつけ、文久三年の勝蔵上洛説を唱えたといえよう。

勝蔵捕縛の理由と死の真相

では、明治維新に功績があったと「原著」で主張される黒駒勝蔵はなぜ、捕縛されなければならなかったのであろうか。

本書二三五～二三六頁に勝蔵捕縛の理由として、同志たちと八割方進められていた「計画」があり、それが「最後のご奉公」だとした内容が問題視されたという。だが、その具体的詳細は明記されず、単に「真相はまったく世間に漏れず、永遠の謎」と記されるばかりであるから、読者にとっては不明瞭な印象をもつと思われる。

この問題を解く鍵は、勝蔵が捕縛されるまでの経緯について述べた部分、本書二三三～二三六頁である。明治維新の理想とは裏腹に、現実政治の世界では政府高官・官僚が腐敗し、この点に憤りを感じる勝蔵の姿が描写されている。そしてその不満の解消を図るために、西郷隆盛に心酔していく。

また、「東京では、以前の勤王武士たちの魂も腐ってしまい、政府役人として贅沢《ぜいたく》な暮らしにうつつを抜かしていた。それが勝蔵には目障りでならなかった」（本書二三五頁）は、西郷隆盛の思想をまとめた『西郷南洲遺訓』の次の部分を下敷きにしたと考えられる。


草創の始に立ちながら（明治の始まりにあたり）、（政府高官は）家屋を飾り、衣服を文《かざ》り、美妾を抱え、蓄財を謀りなば、維新の功業は遂げられ間敷也《まじきなり》以上から、堀内良平《ほりうちりょうへい》は明治初年の勝蔵のいらだちを西郷隆盛に重ね合わせていた、と考えられるのである。西郷隆盛は明治新政府の政治方針と合わなくなり、やがて明治一〇年（一八七七）に西南戦争を起こし、敗れて自刃する。この事実を念頭におくと、本書における勝蔵の「計画」「最後のご奉公」の姿がおのずと明らかとなってくる。

それは、勝蔵の真意とは、西郷隆盛のように同志を集め、内乱を起こして政権の転覆、もしくは政府高官の暗殺を企てていたということである。後者については、本書一七八頁で吉田東洋《よしだとうよう》の暗殺を総理大臣の暗殺になぞらえていることから、五・一五事件や二・二六事件で決起した青年将校を勝蔵に投影させていたとも見なし得る。

堀内良平が勝蔵の調査を進めていた大正末～昭和初期は、天皇を頂点と戴く日本の政治体制の矛盾やゆがみが至る所に噴出していた。第一次世界大戦後、国際環境は激変し、国内経済も好景気によって、成金という富裕層を一部に生み出したものの、物価騰貴で一般庶民は困窮し、貧富の差は拡大した。社会全体に不満・矛盾が鬱積《うっせき》し、これらを解決するために国家改造運動が提唱されるようになったのである。天皇を戴きながら国家の革新をめざす動きは当時、「昭和維新」と呼ばれた。

軍の青年将校の一部はこの考えに共鳴し、現実社会の問題の根源を政党政治や元老・重臣たちの腐敗に見いだし、その解決を図るために天皇親政の世を実現させようとした。いわば、本来の明治維新の理想を実現させるために、彼らは五・一五事件や二・二六事件などを引き起こしたのである。こうした時代状況もあずかって、堀内良平は彼らに共感するところがあったのであろう。彼らの動向は本書二三三〜二三六頁で描写されている勝蔵の姿と重なり合うのである。

五・一五事件の裁判では、青年将校に対して世論の声は同情的であった。この背景の一つとして、一般大衆は「時代のヒーロー」を求めていたことが指摘されている。当時、大衆小説・時代劇映画の普及が進んだことで、幕末維新ものは人気があった。これら創作作品での主人公たちは皆、身命を賭して国家国民に尽くす、清廉《せいれん》で私心のない人物であり、世論は青年将校を時代劇のヒーローになぞらえていた（以上、小山俊樹『五・一五事件』中公新書、二〇二〇年、参照）。

堀内良平が描く黒駒勝蔵像は、見事に右の「ヒーロー」像と合致する。だからこそ彼の最期を青年将校の動向に見立てたのである。現状の社会的矛盾を打破して天皇親政による政治体制の実現という理想を、「昭和」という世に正しい「維新」実現という願望を勝蔵に仮託して物語ったのが「原著」ということになろう。

だが、勝蔵が天皇のために反乱・高官暗殺を企てたと明言するのは憚《はばか》られたと推測される。「原著」が出版された戦時中にあっては、言論統制や検閲が厳しく、さすがに国家騒擾《そうじょう》を称揚していると受け取られかねない記述はできなかったはずである。「原著」において、勝蔵捕縛の理由とされる「計画」が曖昧《あいまい》に表現されたのは、時局柄、右に述べた遠慮意識が働いたのであろう。

このように「原著」で述べられた勝蔵の最期は、堀内良平の思想や社会に対する願望が反映されたもので、史実とは別個である。では、彼が捕縛・処刑された理由は何であろうか。

史実としての勝蔵は、戊辰戦争時に官軍側の草莽《そうもう》部隊である赤報隊に所属し、また、四条隆謌《しじょうたかうた》の徴兵七番隊に所属して江戸まで供奉《ぐぶ》し、その後、東北地方での戦争に従軍した。この意味において、勝蔵はまさに「勤王侠客《きんのうきょうかく》」であった。

「原著」では、明治二年（一八六九）捕縛後、翌年に牢内で獄死したことになっているが、明治四年（一八七一）に刑場で斬刑に処せられたのが史実である。現在に至るまでも、彼の処刑の理由はさまざまな憶測・説が唱えられたが、真相はいまだ不明である。

本問題をめぐっては、勝蔵の個人的事情と当時の全国的状況をあわせて考える必要がある。まず前者について「口供書」によれば、彼は官軍からの無断脱退の嫌疑を受けたことが挙げられる。明治三年（一八七〇）、勝蔵は甲州黒川金山の採掘を願い出、休暇許可を得たうえで甲斐に帰国した。だが、鉱山事業の結果は思わしくなく、当初予定を過ぎても甲斐国に滞在したため、無断脱退と見なされてしまった。勝蔵の認識は「上京して謝罪をし、帰隊願いを出せば許されるだろう」程度であった。加えて、彼は山中の生活がたたり、持病であった皮膚炎をこじらせたようで、湯治のために伊豆国蓮台寺《れんだいじ》温泉に出かけてしまった（本書二九七頁文献③参照）。

その結果、明治四年一月二五日に伊豆国畑《はたけ》毛村（静岡県田方郡）にて「無宿黒駒勝蔵」として捕縛され、同年二月二日に甲府に入牢、同年一〇月一四日に武士「池田勝馬」として斬刑に処された。敵対した博徒への殺害行為が罪状とされたのである。

しかし、江戸時代の博徒間の喧嘩《けんか》が処刑の理由とされるのであれば、清水次郎長をはじめ、他の博徒も該当するはずである。だが、彼らはそれを理由に処罰されなかった。なぜ勝蔵は新政府に目を付けられたのであろうか。あらためて当時の全国的動向から考えなければならない。

本件をめぐって、近年、「戊辰戦後デモクラシー」という興味深い概念が提起されている。これは戦争が社会に無理を強いたために、戦後に自由民権運動が活発化するという議論である。戊辰戦争を遂行するには、従来の身分制の枠を超えて、博徒らを動員しなければ実現不可能であった。新政府側にとって問題となるのは、戦後における彼らの処遇である。戊辰戦争後では、草莽の志士として活動した博徒たちを体制側に組み込む訳にはいかず、そこからはじかれた彼らはのちに、みずからの地位復権・向上のために自由民権運動などの諸活動に身を投じた。

勝蔵もまさに「社会から無理を強いられた」一人であった。彼の真の処刑理由は、この戦後処遇をめぐる問題に巻き込まれたことにある。当時の新政府にとって、勝蔵は存在そのものが不要と見なされて、処刑された。これと似た悲劇は他所でも見られた。山梨はもとより、当時の全国的状況を照らし合わせて考えることが真相究明への近道であろう（以上、松沢裕作『自由民権運動』岩波新書、二〇一六年、参照）。

四、黒駒勝蔵について、より深く知るために

本書を一読すれば、誰しもが勝蔵の生涯に興味を抱くであろう。そこで本稿の締めくくりとして、勝蔵の生涯・人柄を偲《しの》べるように、「勝蔵の墓・記念碑」および「勝蔵に関する参考文献」を紹介することとしたい。

勝蔵の墓・記念碑

現在、黒駒勝蔵を偲ぶことのできる墓・記念碑は次のイ～ニの四か所である。

イ黒駒勝蔵之碑・黒駒勝蔵ノ経歴碑

左の写真は、黒駒勝蔵を顕彰するために彼の出身地である御坂《みさか》町（現、山梨県笛吹市）が建立した「黒駒勝蔵之碑」である。題字は当時の山梨県知事天野久が揮毫《きごう》し、昭和四一年（一九六六）

四月一〇日に除幕式が挙行された。笛吹市御坂町内にある上黒駒郵便局付近に立地し、同局前の道を挟んだ正面斜面地にある。堀内良平《ほりうちりょうへい》は上黒駒郵便局長を務めたこともあり、この意味で縁のある場所に建碑されたといえよう。

「黒駒勝蔵之碑」（左）と「黒駒勝蔵ノ経歴」碑（右）

　同碑の右横に、「黒駒勝蔵ノ経歴」と題する銅板がはめ込まれた石碑が現存する。堀内良平は晩年に勝蔵の記念碑建立の計画を立て、碑文の文案を著していた。銅板にはこの文案が刻され、「昭和三七年（一九六二）五月建之」とある。「建碑協力者」として天野久、堀内良平の御子息である堀内一雄、黒駒勝蔵顕彰会のメンバーら計三七名が掲げられている。本碑文の内容は次頁に示した（原文は句読点なし）。

　また、昭和六三年（一九八八）には御坂町観光協会によって、「黒駒の勝蔵小伝」と題する勝蔵の生涯を簡潔に紹介した案内板が、これら碑文の側に設置されている。

一　黒駒勝蔵ノ経歴

忠孝一本ノ義ニ徹シテ身命ヲ君国ニ捧ゲ、死ヲ見ル事、真ニ帰スルガ如クナリシモノ、予、大侠黒駒勝蔵ニ於テ之ヲ知ル。彼ハ黒駒ノ名門小池吉左衛門ノ一子ニシテ、文政十二年ニ生ル。年少ヨリ剛毅闊達、頗ル甲州武士ノ風格アリ。年甫メテ二十歳、偶々事ヲ以テ父ノ激怒ヲ蒙リ、終生ノ勘当ヲ申渡サル、ヤ、悲嘆禁ズル能ハズ。決死以テ贖罪ヲ神明ニ誓フ。惟フニ、彼ノ発憤ハ此ノ時ニアルカ。土豪堀内喜平次ノ後援ヲ得テ、長脇差ノ一門ヲ開キ、黒駒村ノ一角戸倉組ニ拠テ覇ヲ唱フルニ及ビ、青年侠客黒駒勝蔵ノ名声始メテ峡中ニ喧伝セラル。彼ハ夙ニ勤王ノ志アリ。奮起ノ由来ヲ案ズルニ、小池家ノ勤王ノ家訓其一ナリ。黒駒ノ大先輩タル神官武藤外記並ニ藤太父子ノ激励其二ナリ。土佐ノ勤王武士那須信吾ノ誘導其三ナリ。維新ノ風雲漸ク動クヤ、彼ハ慨然其ノ門下百余名ヲ率イテ上洛ヲ断行ス。以テ彼ガ尋常一様ノ侠客ニアラザルヲ知ルベキナリ。爾来、彼ハ蹇々匪躬王事ニ奔走シ、四条隆謌郷(卿)ニ仕ヘテ一介ノ武士擢ンデラレ、官軍ノ東征ニ際シテ同郷(卿)ノ御親兵隊長ニ任ゼラル。郷党相伝ヘテ一門ノ光栄ト為ス。越エテ明治二年

（おおよその意味）

大侠黒駒勝蔵こそ、自分の身命をかけて国のために忠孝ひと筋の生き方を貫いた人物である。彼は黒駒の名門小池吉左衛門の子息として文政一二年に生まれた。子どものころより意志の固い、度量の広い人物であり、甲州武士を思わせた。

二〇歳になった際、父親の怒りを招き、一生の勘当を言い渡された。彼はそれを深く悲しみ、決死の覚悟でみずからの罪をつぐなうことを神前に誓った。おそらく勝蔵が精神を振るいおこしたのは、これが契機となったのであろう。

地元の有力者堀内喜平次からの後援を得て、博徒の一家を構えた。戸倉を拠点としながら、青年侠客黒駒勝蔵の名声は、甲斐国中に知れわたった。彼は早くから勤王の志を抱いていた。その原因として第一に挙げられるのは、小池家の勤王主義の家訓である。第二に、武藤外記・藤太父子の応援である。第三に、土佐の勤王武士那須信吾からの勧めである。

維新に向けてその動きが活発になると、勝蔵は子分一〇〇名を率いての上洛を実現させた。このことからも並大抵の侠客でないことがうかがい知れよう。以後、彼は朝廷のために奔走し、四条隆謌卿に武士として仕えた。官軍が東征した際には、四条卿の御親兵隊長に任命され、彼の郷里ではこのことを名誉として称えた。

ノ春、錦衣ヲ纏ウテ黒駒ニ凱旋シタルガ、此ノ時、父母ハ既ニ歿シテ在ラズ。彼ハ先ヅ馳セテ其ノ墳墓ニ展シ、号泣慟哭、傍人ヲシテ孝心ノ篤キニ感涙巾ヲ沾サシメタリ、ト云フ。彼ハ豁然トシテ口語スラク「今将タ往年ノ所願ヲ遂グルニ由ナシ。須ラク王事ニ殉ジテ贖罪ノ初一念ヲ達スベシ」ト。尽忠報国ノ意図察スベキナリ。彼ノ京師ニ在ルヤ、西郷南州ノ高風ニ私淑スル所アリ。維新直後、朝野ノ士気漸ク頽廃スルヲ見ルヤ、慷慨悲憤ノ情ニ堪ヘズ。同志ヲ糾合シテ事ヲ挙ゲント欲シ、上京中捕ヘラレ、甲府一蓮寺ノ獄ニ投ゼラル。獄吏ノ拷問苛烈ヲ極ムルモ、彼ハ自若トシテ動ゼズ。徐ニ対ヘテ曰ク「勤王ノ故ヲ以テ捕ヘラレ、而カモ天朝ノ獄ニ繋ガレテ斃ルヽハ、勝蔵ノ本懐之ニ過ギズ」ト。明治三年一月七日、病ヲ以テ獄中ニ急死ス。享年四十二歳ナリ。勤王侠客黒駒ノ勝蔵ハ、至忠至孝ノ如クニシテ、獄中ニ斃ル。其ノ事当ニ壮トスベク、其ノ情当ニ悲ムベキナリ。予、彼ノ勤王事蹟ヲ世ニ伝ヘントシテ、先ニ拙著「勤王侠客黒駒勝蔵」ヲ公ニシタルガ、今茲ニ同志ノ筆助ヲ得テ、建碑ノ式ヲ挙グルヲ機トシ、彼ノ経歴ノ一端ヲ叙シテ広ク世ノ君子ニ諗グ。

浩庵　堀内良平　撰文

明治二年の春、勝蔵は立派な衣服をまといながら、黒駒に凱旋した。だが、このとき、すでに彼の父母は死去していた。両親の墓所にその身を伏せ、激しく泣いた。その様子を見た人びとは、彼の孝行心の厚さに感動し、袖を濡らした。勝蔵は悲しみを振り切りながら、「勘当を解くというかねてよりの願いは果たせなかったものの、あらためて、国のために身命を尽くし、そのことでみずからの罪をつぐなおう」と語った。

彼は京に滞在していた折、西郷隆盛の人柄に心酔していた。明治維新後、新政府の人びとは堕落してしまい、このことに彼は怒りを覚えていた。そこで、同志を集め、政府の腐敗を正そうとしたところ、上京中に捕らえられ、甲府一蓮寺の牢に入れられてしまった。

激しい拷問を受けても、勝蔵は平静を失うことはなかった。そしておもむろに、「勤王のために捕縛され、しかも天皇の牢屋で死ぬのは、もとより望むところである」と答えた。明治三年一月七日、病のために獄中で急死。享年四二歳。勤王侠客黒駒勝蔵は最期まで忠孝の人として獄死した。立派な振る舞いであり、悲しむべきことでもある。

私は彼の勤王侠客としての事跡を世に広めるために、『勤王侠客 黒駒勝蔵』を公刊した。さらに今、同志の協力を得て、建碑式挙行の運びとなった。これを契機に、彼の経歴の一部を述べ、世の心ある人びとに知らせるものである。

ロ　勤王侠客勝蔵の供養碑

左の写真は、昭和五七年（一九八二）に黒駒勝蔵と子分衆を供養するために建立された「勤王侠客勝蔵の供養碑」である。勝蔵の生家である小池家は称願寺を檀那寺としていることから、その立地が選ばれたのであろう。

建碑の経緯は供養碑建立の発起人でもある甲府市議会議員（当時）小澤政春著『勤皇侠客 黒駒勝蔵』（私家版、一九八二年、一二七頁〜）に述べられている。郷土山梨出身であり、勤王活動に邁進《まいしん》した勝蔵とその子分衆の活動を顕彰することを目的として、供養碑建立が企画されたという。

右の意図から、勝蔵に加え、本書にも登場する彼の主要子分、大岩・小岩の墓石も設けられている点に特徴がある。墓石は三基あり、中央に勝蔵、向かって右に大岩、左に小岩の墓が配され、それぞれの墓の正面に「黒駒勝蔵之墓」「大岩之墓」「小岩之墓」と刻まれている。

また、正面右横にはそれぞれ享年が彫られ、勝蔵のそれには「松岳院安阿快楽居士　明治四年十月十四日俗名勝蔵四十二才」とある。戒名と享年が記されているが、没年は『山梨県史』二（一九五九年）の説に、享年は「原著」の説にそれぞれ依拠している。大岩・小岩のそれは、いずれも「文久三年六月五日歿三州寺津宿」と没年が記され、次郎長が雲風亀吉を襲撃した際に死亡した説に基づいている（本書一九一頁）。

称願寺境内にある「勤王侠客勝蔵の供養碑」

台座裏面には三基とも、

衆議院議員　堀内光雄
甲府市長　河口親賀
御坂町長　河野正夫
甲府市議会議員　小沢政春
功刀澄
松本隆
昭和五十七年　十一月十二日建
三智石材石坂義雄

とあり、供養碑建立の関係者の名が刻まれている。

ハ　小池家墓所と石地蔵

左の写真は、山梨県笛吹市上黒駒若宮の八幡上野《はちまんうえの》神社敷地内にある小池家墓所で、主として明治以前の小池家関係者の墓石が並んでいる。処刑後の勝蔵遺骸は、故郷である上黒駒村に運ばれ、若宮八幡に隣接する地蔵寺に葬られた。そこに目印として石地蔵が置かれたという（本書二四〇頁）。

八幡上野神社敷地内にある小池家墓所

地蔵寺は『甲斐国社記・寺記』によれば、称願寺（小池家の菩提寺）が本寺として兼帯しており、こうした関係から同地に埋葬されたと考えられる。その後、区画整理により造成がなされ、あわせて墓石も本来の場所とは異なるところに置かれてしまった。このため、厳密な意味での勝蔵の埋葬地は不明となっている。

目印として置かれた石地蔵の背部には、次の通り文字が彫られている。

時寛□三年
奉造立正観［　　］施主

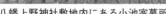

小池家墓所内の石地蔵

三月四日　小池［　　］

作成年として彫られた「時寛□三年」について、江戸時代に「寛」字を付した年号と、勝蔵の生没年の期間とは重ならない。したがって、この地蔵石は勝蔵の墓石ではなく、本来、別の目的で制作され、後年に目印として用いられたことになる。

二　黒駒勝蔵之墓

二九六頁の写真は、昭和四三年（一九六八）に小池家敷地内に建てられた「黒駒勝蔵之墓」である。墓石表面には時宗総本山遊行寺《ゆぎようじ》の「遊行七十一世大僧正他阿隆宝」上人によって揮毫《きごう》された旨が記されている。

小池家は観光農園「御坂路《みさかじ》農場」を経営し、先代当主の小池義明氏が明治一〇〇年を超えたことを記念してこの墓を設け、現在も一般公開している。同墓には、先述した八幡上野神社敷地内の小池家墓所から採取した土が埋められ、勝蔵の正式な墓所の一つとして位置づけられている。

令和三年（二〇二一）は勝蔵没後一五〇年にあたる。また、前年の令和二年は「原著」著者で

小池家敷地（「御坂路農場」）内の「黒駒勝蔵之墓」

あり、一生をかけて勝蔵の顕彰に努めた堀内良平《ほりうちりょうへい》の生誕一五〇年にあたる。以上を記念して「ひみね地域活性化推進協議会」は、この墓地の整備と案内碑の設置を企画し、小池家の現当主小池義彦氏が施主となり、記念式典を挙行した（本書三〇九頁写真参照）。本書の出版とあわせもってすれば、あるいは堀内良平も諒《りょう》とされるかもしれない。

勝蔵に関する参考文献

黒駒勝蔵については現在でもなお調査・研究が続けられ、次に掲げる諸文献においても新事実が明らかにされてきた。参考文献のリスト化にあたっては、黒駒勝蔵を主題としたもの、もしくは彼に記載内容の主軸をおいたものに絞った。

イ　一般向けに記された黒駒勝蔵の伝記（発表年代順、以下同）

文献①は、現在では入手困難な資料を駆使し、一般向けにわかりやすくまとめた伝記である。

文献②は、彼に関する関連資料が網羅的に紹介され、勝蔵研究の入口となり得る書である。

文献③は、表題に「清水次郎長」と銘打っているものの、勝蔵の動向にかなりの分量を割き、東海全域の博徒史全体のなかでその歴史的位置づけを試みた。

①今川徳三『万延水滸伝』（毎日新聞社、一九七八年）
②加川英一『黒駒勝蔵』（新人物往来社、二〇〇七年）
③高橋敏『清水次郎長――幕末維新と博徒の世界』（岩波新書、二〇一〇年）
④山梨県立博物館展示図録『黒駒勝蔵　対　清水次郎長――時代を動かしたアウトローたち』（山梨県立博物館、二〇一三年）
⑤高橋修「黒駒勝蔵」（高橋敏編『アウトロー――近世遊侠列伝』敬文舎、二〇一六年）

ロ　専門性の高い論文

文献⑥の作者による『博徒と自由民権』（中公新書、一九七七年）を併読することで、幕末維新に博徒集団が果たした歴史的役割をより深く理解することができる。

文献⑩の作者は、近年、精力的に甲州博徒に関する新出資料を発見し、従来不明であったさまざまな事実を『甲斐』などの学術雑誌に発表している。

⑥長谷川昇「黒駒勝蔵の『赤報隊』参加について――水野弥太郎冤罪・獄死事件」（『東海近代史研究』四、一九八二年）

⑦髙橋修「甲州博徒抗争史論――三井卯吉・国分三蔵・黒駒勝蔵にかかる新出資料との対話」（『山梨県立博物館研究紀要』七、二〇一三年）

⑧髙橋修「甲州博徒の資料論」（『山梨県立博物館調査・研究報告六　博徒の活動と近世甲斐国における社会経済の特質』山梨県立博物館、二〇一三年）

⑨髙橋修「甲州博徒論の構想」（平川新編『江戸時代の政治と地域社会　第二巻　地域社会と文化』清文堂、二〇一五年）

⑩原祥「日記史料に見る博徒黒駒勝蔵の文久元年以降の動向について」（『甲斐』一四五、二〇一八年）

ハ　小説

一般的に小説には多分にフィクションが含まれているが、丹念な現地取材の成果を盛り込み、学術的な資料集に準ずる価値を有するものもある。とりわけ文献⑪はその代表である。堀内《ほりうち》良平《りょうへい》とともに関連資料の調査を行い、現代では失われた地元伝承を記録するとともに、「口供書」の内容を反映させた伝記的性格もあわせもつ。また、黒駒勝蔵を主人公(勝蔵役は萩原健一)に据えた異色のテレビドラマ「風の中のあいつ」(TBS系列放映、一九七三〜四年)の原作でもある。

⑪子母澤寛『富嶽二景　次郎長と勝蔵』(文藝春秋社、一九六六年)
⑫結城昌治『斬に処す——甲州遊侠伝』(角川文庫、一九七八年)

二 その他

近年、黒駒勝蔵に注目が集まり、さまざまな創作作品が制作される現状にある。地元山梨における一般市民の活動として、たとえば「『黒駒の勝蔵』朗読&スティールパン」(ふるさと応援ステージ実行委員会、二〇一七年)の上演、小説では祢津勝次郎『侠神 黒駒勝蔵』(朗月堂、二〇一七年)などが挙げられる。

黒駒勝蔵の生き方に、ひいては彼を生み出した山梨の歴史・文化に関心をもち、さまざまな創作活動が展開されるのであれば、それは望外の喜びである。

黒駒勝蔵関連年表

（年齢は数え年、「原著」とは堀内良平著『勤王侠客 黒駒勝蔵』、＊は本書掲載頁）

和暦	西暦	史実上の年齢	史実上の勝蔵に関する出来事と当時の世相	「原著」での年齢	「原著」での勝蔵に関する出来事
文政12	1829			1歳	・小池吉左衛門の息として誕生 ＊32頁
天保3	1832	1歳	・上黒駒村小池嘉兵衛の息として誕生。		
嘉永1	1848			20歳	・堀内喜平次の協力のもとに侠客の道に入る ＊65～73頁。ほぼ同時期に竹居吃安と関係をもつ ＊93～98頁
嘉永2 嘉永3	1849 1850			21～22歳	・この頃、竹居吃安は新島に遠島刑に処せられる。のちに島抜けに成功 ＊112～116頁
嘉永4	1851	20歳	・竹居吃安、捕縛のうえ新島に遠島刑。		
嘉永6	1853	22歳	・6月、ペリー、浦賀に来航。 ・竹居吃安、新島を島抜け、甲斐国に戻る。		
安政3	1856	25歳	・7月、勝蔵、親元を出奔し、竹居村甚兵衛（竹居吃安の兄）の子分になる。		
安政5 安政6	1858 1859		・6月、日米修好通商条約の締結。 ・安政5～6年、安政の大獄。吉	30～31歳	この頃の出来事 ＊125～136頁 ・甲府代官岡部市太夫・石和代官内海多

	文久1
	1861
	30歳
田松陰ほか死罪。	・3月頃、金川河原において勝蔵と国分三蔵とのあいだで出入。以降、数度にわたり両者のあいだで抗争 ・6月、祐天仙之助、甲斐国から逃亡。のちに新徴組に入隊。 ・10月、菊川において赤鬼金平と清水次郎長とが手打式。勝蔵は金平派として出席。
次郎・祐天仙之助・佐倉藩浪人（史実では館林藩浪人）犬上郡次郎（本書では「犬上軍次」）らの計略により、吃安捕縛、獄死。なお、岡部市太夫が甲斐国内の代官に就任した事実はない。また、内海多次郎が石和代官を務めたのは文久1～3年である。 ・勝蔵、吃安の仇討ちとして萬福寺において犬上郡次郎を殺害。 ・勝蔵、吃安の縄張りを引き継ぎ、甲州一の大侠客になる。	

和暦	西暦	史実上の年齢	史実上の勝蔵に関する出来事と当時の世相	「原著」での年齢	「原著」での勝蔵に関する出来事
文久２	１８６２	31歳	・２月17日、竹居吃安捕縛。 ・10月６日、竹居吃安獄死。	34歳	・６月頃、土佐藩士である那須信吾が石原幾之進の変名を用いて甲州来訪。勝蔵に面会し、彼の上洛を促す ＊156〜160頁 ・10月、菊川において赤鬼金平と清水次郎長との手打式に出席 ＊111〜112頁
文久３	１８６３	32歳	・５月、天竜川で勝蔵と次郎長対陣。 ・同月、長州藩外国船砲撃事件。 ・６月５日、雲風亀吉の許に身を寄せた勝蔵が平井宿において清水次郎長に急襲される（元治１年６月６日説も提起されている）。 ・７月、薩英戦争。 ・８月、天誅組の変。八月十八日の政変。 ・10月、祐天仙之助、大村達尾に殺害され死去。 ・３月、水戸藩天狗党挙兵。	35歳	・５月、天竜川の幻の対陣、６月、平井宿滞在中に清水次郎長に襲撃される ＊182〜193頁 ・８月、天誅組の変勃発。同変の最中に那須信吾死亡 ＊166〜171頁 ・９月、嵐河原にて勝蔵、国分三蔵と対決。三蔵に勝利 ＊196〜199頁 ・秋もしくは暮れ頃〜元治１年初頭、勝蔵、１００名近くの子分とともに上京 ＊206〜211頁
元治１	１８６４	33歳	・３月15日、勝蔵、国分三蔵宅を急襲して放火するも、三蔵は逃	36歳	・元治１〜慶応１年頃、勝蔵、京に入る ＊211頁

			亡（文久3年3月説も提起されている）。 ・4月頃　勝蔵、浪士たちとともに甲府城奪取を企てている、との噂が流れる。 ・7月、禁門の変。第1次長州征討。 ・10月17日、勝蔵、萬福寺において犬上郡次郎を急襲し、殺害。この後、勝蔵は山中に潜伏。 ・5月、第2次長州征討宣言。		
慶応1	1865	34歳	・6月、吉原宿付近で勝蔵と次郎長とのあいだで出入。 ・7月、勝蔵、石和代官他の捕縛勢に対し、山中で抵抗。逃亡に成功。 ・1月、薩長同盟。	37歳	・4月、荒神山の出入。勝蔵はすでに京に滞在していたので、この事件には直接、関与せず＊200～205頁
慶応2	1866	35歳	・4月8日、荒神山の出入。その後、勝蔵は大坂方面に潜伏。 ・1月、鳥羽・伏見の戦い。		

和暦	西暦	史実上の年齢	史実上の勝蔵に関する出来事と当時の世相	「原著」での年齢	「原著」での勝蔵に関する出来事
明治1（慶応4）	1868	37歳	・1月16日、勝蔵、赤報隊入隊。小宮山勝蔵の変名を用いる。同月下旬に赤報隊は京都に戻るよう命じられ、のちに同隊は解隊。 ・4月、江戸開城 ・5月、勝蔵、四条隆謌の徴兵七番隊に所属し、東海道を下向。この頃、池田勝馬（勝之進）を名乗る。のちに戊辰戦争に従軍し、東北地方を転戦。 ・2月、東京遷都。	40歳	・勝蔵、京に滞在中、小宮山勝蔵を名乗る ＊32、216頁 ・5月、勝蔵、京で檜峰神社の武藤神主に面会 ＊214～215頁 ・5月、勝蔵、四条隆謌に付き従い、東海道を下向 ＊218頁
明治2	1869	38歳	・5月、五稜郭の戦い終結。 ・徴兵七番隊は第一遊軍隊と改称し、勝蔵も同隊に所属。 ・勝蔵、黒川金山の開発をするも失敗。休暇願いの期間が過ぎても部隊に戻らなかったため、無断脱退の嫌疑を受ける。	41歳	・春頃、勝蔵、除隊。故郷に戻る ＊228～230頁 ・勝蔵、黒川金山採掘 ＊232～233頁 ・12月、勝蔵、東京で捕縛され一蓮寺の牢内に入牢 ＊235頁
明治3	1870	39歳		42歳	・1月6日、勝蔵獄死。享年42歳 ＊238～240頁

明治4	1871	40歳	・1月25日、勝蔵、伊豆国で湯治の最中に、捕縛される。 ・2月2日、勝蔵入牢。 ・10月14日、勝蔵、山崎の刑場にて斬首・刑死。享年40歳。		

※参考文献　本書297～298頁　文献⑤・⑧・⑩より作成

刊行にあたって

ひみね地域活性化推進協議会は、ひみね地域（山梨県笛吹市御坂《みさか》町）の地域振興を目的として、平成二九年（二〇一七）に結成されました。地域の魅力を広く県内外に伝えるために、さまざまな活動を行っています。そのなかの一つとして、ひみね地域出身の歴史的人物である黒駒勝蔵の紙芝居の作成・上演補助を行い、好評を博したところです。

彼については、清水次郎長の敵役というのが一般的なイメージと思われます。これは講談や芝居、映画などによって形づくられましたが、その本当の生涯は、草莽《そうもう》の志士として活動し、新しい時代の日本を切り開く役割を果たしたというものでした。

このため、本協議会としては、かねてより黒駒勝蔵の実像を、大勢の皆さまに知っていただくことを念願としていました。ちょうど本年は、彼の没後一五〇年を迎えます。このことを記念し、彼の墓所を整備するとともに、初の本格的評伝である堀内良平翁著『勤王侠客　黒駒勝蔵』

刊行にあたって

の現代語訳の出版を企画しました。

この本の著者である堀内良平翁もひみね地域の出身であり、近代山梨を代表する政治家・実業家です。富士北麓《ほくろく》をはじめとした本県の開発・観光振興に尽力し、そのことに一生を捧《ささ》げました。奇しくも昨年は堀内翁の生誕一五〇年にあたり、不思議な縁を感じずにはおれません。

『勤王侠客　黒駒勝蔵』は、その内容の貴重さにもかかわらず、戦時中に出版された古いものということもあり、現代では読解することも、また、入手そのものも難しくなってしまいました。そこで、本協議会会員である東京女子大学の高橋修氏が平易な現代語訳化を試みました。このことで黒駒勝蔵の生涯、ひいては本県の歴史・文化への関心が高まるのであれば、堀内良平翁にもお喜びいただけるものと存じます。

本書の出版には、多くの皆さまのご協力とご支援にあずかりました。堀内良平翁のご子孫である富士急行株式会社社長の堀内光一郎様、衆議院議員・ワクチン担当大臣・五輪担当大臣の堀内詔子様からは本書の出版について快くご同意いただきました。また、黒駒勝蔵の実家のご子孫であり、本協議会会員の小池義彦氏からも賛同いただきました。黒駒勝蔵の紙芝居は、甲州語り部の会と本協議会会員 農業法人エコモスが制作を行いました。その絵も本協議会会員である宇野五千雄氏が担当し、一部を本書のなかで挿絵として掲出しています。そのほか、多くの協議会会員が一丸となって本書出版のために労を惜しみませんでした。本書が、ひみね地域の振興につながることを願ってやみません。

末筆ではありますが、本協議会会員の思いを汲み、本書出版を引き受けてくださった敬文舎の皆様に厚くお礼申し上げます。

ひみね地域活性化推進協議会会長　堀内文藏

黒駒勝蔵之墓

建碑式の様子　令和3（2021）年9月26日
右から、衆議院議員 堀内詔子氏、ひみね地域活性化推進協議会 堀内文藏氏、同 小池義彦氏、同 鈴木康修氏

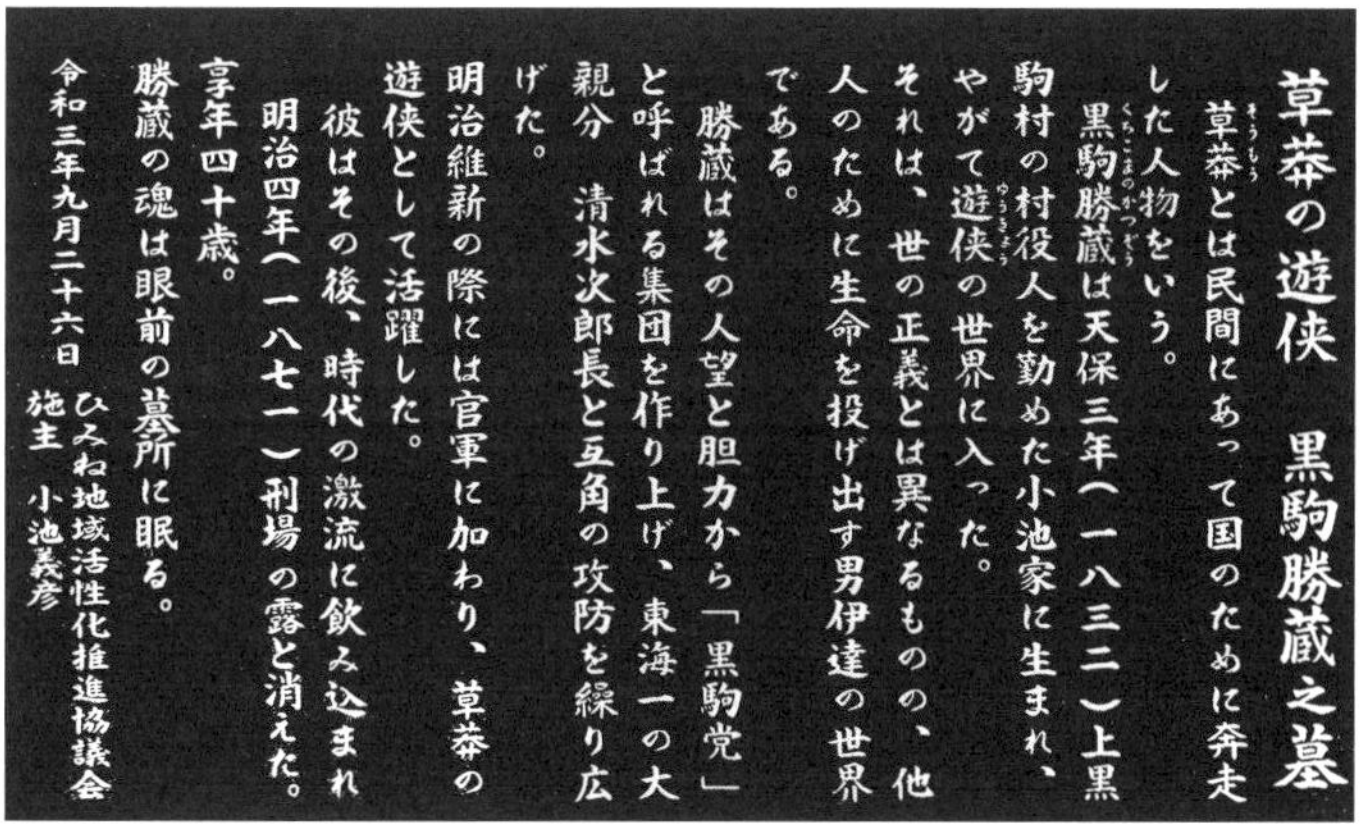
草莽の遊侠　黒駒勝蔵之墓
草莽《そうもう》とは民間にあって国のために奔走した人物をいう。

黒駒勝蔵《くろこまのかつぞう》は天保三年（一八三二）上黒駒村の村役人を勤めた小池家に生まれ、やがて遊侠《ゆうきょう》の世界に入った。

それは、世の正義とは異なるものの、他人のために生命を投げ出す男伊達の世界である。

勝蔵はその人望と胆力から「黒駒党」と呼ばれる集団を作り上げ、東海一の大親分　清水次郎長と互角の攻防を繰り広げた。

明治維新の際には官軍に加わり、草莽の遊侠として活躍した。

彼はその後、時代の激流に飲み込まれ明治四年（一八七一）刑場の露と消えた。

享年四十歳。

勝蔵の魂は眼前の墓所に眠る。

令和三年九月二十六日
ひみね地域活性化推進協議会
施主　小池義彦

案内碑には、「草莽の遊侠　黒駒勝蔵之墓」が刻まれている。

謝辞

まず、このたび曽祖父堀内良平《ほりうちりようへい》の著作『勤王侠客《きんのうきようかく》　黒駒勝蔵』現代語訳そして出版を実現してくださった「ひみね地域活性化推進協議会」ならびに会長堀内文藏様に心から感謝申し上げ、敬意を表します。

本書は良平がフィールドワークを重ね、郷土の偉人である黒駒勝蔵の「ありのままの生き方」を残そうとしたものです。

当時（昭和初期）より勝蔵については、限られ偏った不正確な記載やいわれなき非難を受けることが多かったようです。そのことをたいへん悔しく感じていた良平は、黒駒の伝統精神である勤王そして甲州魂を体現し、一種の社会運動を成し遂げた信念の人として、勝蔵を正しく描きたいとの思いで著作に取り組みました。

本書は、私たちの故郷の誇る一人の快男児「草莽《そうもう》」勝蔵の小説であると同時に、良平が遠く離れた東京にあって黒駒への懐旧を込めた随筆文でもあります。

令和の時代に新たに命を吹き込んでいただいたお取り組みに、あらためて心からの感謝を申し上げ、謝辞とさせていただきます。

堀内光一郎

現代語版　勤王侠客 黒駒勝蔵

2021年12月24日　第1版第1刷発行

原著者　堀内 良平
現代語訳　髙橋 修
発行者　柳町 敬直
発行所　株式会社 敬文舎
〒160-0023　東京都新宿区西新宿3-3-23
ファミール西新宿405号
電話　03-6302-0699（編集・販売）
URL　http://k-bun.co.jp
印刷・製本　中央精版印刷株式会社

造本には十分注意をしておりますが、万一、乱丁、落丁本などがございましたら、小社宛てにお送りください。送料小社負担にてお取替えいたします。

Printed in Japan ISBN978-4-906822-46-1